D1829011

Augenschmaus

DANKSAGUNG FÜR DIE FREUNDLICHE UNTERSTÜTZUNG BEI DER ENTSTEHUNG DIESES BUCHES:
Für die Bereitstellung der für die Schnitzereien verwendeten Obst- und Gemüsesorten: Oasi delle primizie Valente e De Cillis, Mailand. *Weitere abgebildete Nahrungsmittel: S. 22, 23, 27, 106 (Torten und Zuckerblumen):* Konditorei Cova, Mailand; *S. 88 (Käse):* Centro informazione per il formaggio svizzero, Mailand. *S. 21, 23, 33 (Franciacorta Cuvée brut):* Bellavista azienda agricola, Erbusco. *S. 26 (Tee und Zuckerstäbchen):* Peter's Tea House, Bozen. *S. 26, 29 (Konfitüre und Honig):* Rigoni di Asiago, Asiago.
KÜCHENGERÄTE UND SCHNEIDWERKZEUGE:
S. 13, 26-29 (Terrakotta-Formen Hill-Design): Herbarium, Padua; *Arbeitsgeräte S. 10/11:* Pedrini PPL, Mailand. *S. 10-13:* Beretta, Mailand; *S. 16/17:* Frabosk, Lumezzane.
Für die freundliche Beratung bei der Suche nach entsprechenden Küchengeräten und Werkzeugen in Deutschland: WMF Filiale München; Spezialmesser für feine Gemüseschnitzereien (S. 11 rechts unten): Messer & Scheren Boutique Solingen, München.
GESCHIRR, BESTECK, GLÄSER UND TISCHWÄSCHE:
S. 30 (Schneidebretter), 33 (Gläser), 41 (Glasschale), 53 und 85 (Platten), 100 (Mittelstück), 106 (Gläser): Terra di Piazza Battista, Pettenasco; *S. 26 (Teeservice und Tischdecke), 54 und 56 (Kochtöpfe):* Geneviève Lethu Italia, Mailand; *S. 10, 12, 32, 34 usw. (Schneidebretter aus Marmor):* Porcellana biancha, Arezzo; *S. 20 (geflochtener Platzteller), 61, 65 (Natursteinschüssel):* Fiorirà un giardino, Cussignacco; *S. 26 (Tortenplatte):* Bormioli, Fidenza; *S. 22 (Teller), 67 (Leuchter):* Maino, Mailand; *S. 22, 23 (Besteck):* Brognoli, Gottolengo; *S. 22, 106 (Tischdecken):* Arte Fiorentina, San Giorgio su Legnano; *Schüsseln, Platten, Tischchen und Gewürzkasten aus indischen und indonesischen Naturhölzern:* Orissa, Mailand. *S. 43 (Schatulle), 90 (Leuchter), 94 (Laterne):* Galleria Minotti, Mailand; *Stoffe S. 40, 112*: Texinterni by Omnitex, Mailand. *S. 48-84 (aus Bindfaden geknüpfte Tischdecke):* Zan&Zani, Toscolano; *S. 36 (Flasche und farbige Gläser):* I regali dell'Acanto, Mailand.

Titel der Originalausgabe: *Fantasia in tavola*
Originalverlag: Fabbri Editori, Italien

Deutsche Erstausgabe
Copyright © by R.C.S. LIBRI S.p.A.,
Mailand, Italien 1999
Copyright © für die deutsche Übersetzung und Ausgabe by Verlagsgruppe Weltbild GmbH, Augsburg 2001
Grafische Gestaltung und Layout: Paola Masera, Amelia Verga und Beatrice Brancaccio
Fotos: Alberto Bertoldi
Bearbeitung der deutschen Ausgabe: Maasburg GmbH, München
Übersetzung aus dem Italienischen: Veronika Maasburg, München
Redaktionelle Bearbeitung: Isolde Bräckle, München
Einbandgestaltung: Atelier Seidel, Altötting
Gesamtherstellung: Appl, Wemding
Printed in Germany
ISBN 3-8289-1089-0

Manuela Caldirola · Sergio Barzetti

Augenschmaus

Flotte Ideen mit jungem Gemüse

Bechtermünz

Inhalt

Einführung

Wie kann aus einer schlichten Kartoffel eine Rose werden? Aus einem Zucchinistückchen eine Tulpe? Aus einem Apfel ein zierlicher Schwan? – Hier erfahren Sie, wie das geht. Und: Es macht auch noch Spaß und ist große Mode. Sie finden in diesem Buch eine Fülle neuer Ideen, damit der gedeckte Tisch zum Augenschmaus wird: gedünstete Kartoffelblumen, Fische aus Zitronen, die in den Krügen schwimmen und das Wasser parfümieren; Zucchinispiralen als Plattenumrahmung; Krokusse und Gänseblümchen, aus Karotten geschnitzt, die zwischen Vorspeisen und Beilagen hervorgucken und ihnen einen Hauch von Eleganz verleihen; Butterbärchen mit einem Überzug aus Honig, die jedem Kindergedeck ein festliches Aussehen geben.

Mit den abgebildeten Werkzeugen, aber – bei zunehmender Erfahrung – auch mit jedem scharfen Schälmesser und mit ein paar Kniffen, die wir Ihnen verraten, können Sie die appetitlichen Obst- und Gemüseschnitzereien dieses Buches ganz leicht selbst auf den Tisch zaubern – eine Kunst, die bisher nur Küchenchefs beherrschten und als wohlgehütetes Geheimnis für sich behielten.

Dieses Buch enthält neben anschaulichen Schritt-für-Schritt-Anleitungen alle Tipps und Tricks, die Sie brauchen, um jedes Gericht durch eine raffinierte Garnierung zu etwas ganz Besonderem zu machen.

Es geht aber in diesem Buch nicht nur um die Kunst des Modellierens von Obst und Gemüse, sondern um geschmackvolle Tischdekoration, um eine originelle Choreographie für kalte Büfetts ... und noch einiges mehr. Vorgestellt werden außerdem: eine ganz neue Technik für das Modellieren von Butter und Buttermischungen; Butterkränze à la Maître d'Hôtel, Rezepte für Knoblauch-, Kräuter- und Pilzbutter usw. Ein wahres Feuerwerk an Ideen für die kunstvolle Präsentation von Gerichten, die nicht nur köstlich schmecken, sondern auch ein Augenschmaus sein sollen.

Raffinierte Garnituren

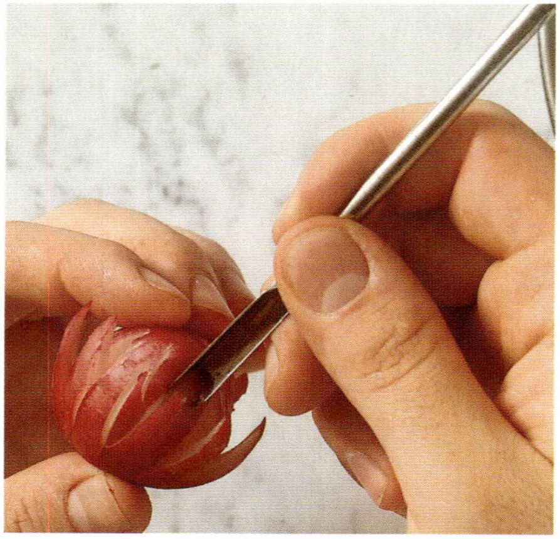

Was Sie brauchen

Für das Modellieren von Blüten, Körbchen und all den anderen wunderschönen Formen aus Rettichen, Kürbissen, Melonen usw. eignen sich am besten Schneidwerkzeuge aus rostfreiem Stahl. Sie sehen auch nach längerer Zeit wie neu aus. Die gängigsten davon – z. B. Kugelausstecher, Kartoffelschäler, Zestenreißer, Zitronenschäler, Käsehobel, Apfelausstecher sowie unterschiedlich geformte Messer – gibt es überall in Kaufhäusern und gut sortierten Haushaltswarengeschäften zu kaufen. Rechts abgebildet sind außerdem (von links nach rechts):

– zweischneidige große Fruchtdekorierer mit V- und U-förmiger Klinge für Zickzackmuster in Melonen, Wassermelonen und anderen großen Früchten.

– spitze Schere für feine Zuschnitte.

– ein Satz feiner Fruchtdekorierer mit Klingen an beiden Enden: einer spitzen V- und einer U-förmigen, für die feinen Schnitzereien an Blüten und Blättern.

– Kugelausstecher in mehreren Größen
– Stecknadeln (normale und mit bunten Glasköpfen): Sie sind ideal für das Feststecken von Blumen und anderen kleinen Kunstwerken sowie als Pupillen bei Tierfiguren.
Oben im Bild von rechts nach links:
– Zestenreißer: Spezialmesser, mit dem man die Schale von Zitrusfrüchten, Gurken und anderen Gemüsesorten in hauchdünnen Streifen (Zesten) abschält.
– Schäler für das Abschälen von Obst und Gemüse.
– Apfelausstecher, mit dem sich das Kerngehäuse leicht entfernen lässt.
– Käsehobel: zum Abheben dünner, gleichmäßig breiter Streifen von Kartoffeln, Karotten, Zucchini usw.
Foto Seite 13 von rechts nach links:
– großes Schneidmesser zum Ausschneiden und Abheben der Kalotten (Kuppeln) von Wassermelonen, Kürbissen und Melonen.
– Ausstechförmchen in verschiedenen Größen, mit denen sich Blütenblätter und andere geometrische Formen mehrfach in gleicher Größe herstellen lassen.
– Pinzette: unentbehrlich für das Dekorieren mit Gelatine, denn mit ihr lassen sich auch zierlichste Gemüsefiguren punktgenau platzieren.
– Buntmesser, mit dem sich originell gerändelte Schnittkanten erzeugen lassen.
– Gemüsemesser mit gerader Klinge für viele verschiedene Garnituren.
– Sägemesser: ideal für die Bearbeitung von Kürbissen.
– Schälmesser zum Putzen von Gemüse, zum Ausschneiden von Blütenblättern und für die Feinarbeit der Formgebung.
– Radischneider für die Herstellung langer Spiralen aus Rettichen, Zucchini etc.
– Terrakotta-Form als Buttermodel.
– Holzspießchen in verschiedenen Längen und Durchmessern: Mit Schnittlauch verkleidet ergeben sie kräftige Stängel für Blumen; sie werden aber auch für die Bearbeitung von Wassermelonen (siehe S. 110) gebraucht.

Grundtechniken

Die Kunst der richtigen Auswahl

Karotten, Kartoffeln, Zucchini, Tomaten, Äpfel, Melonen ... Geradezu endlos lang ist die Liste der Obst- und Gemüsesorten, die sich für kunstvolle Garnituren eignen. Wählen Sie in erster Linie Obst und Gemüse der Saison, weil sie sich leichter schneiden und bearbeiten lassen und nicht so teuer sind. Alles, was Sie kaufen, muss sich prall und fest anfühlen und makellose Schalen haben. Die Blätter sind untrügliche Anzeichen für Frische und Haltbarkeit, vor allem bei Karotten, Radieschen, Lauch und Frühlingszwiebeln.

Kürbisse bleiben in einem mit Stroh oder Sägespänen gefüllten Korb monatelang frisch. Melonen wiederum sind leichter zu bearbeiten, solange sie noch unreif sind. Woran orientiert man sich beim Kauf? Ganz einfach: am noch schwach ausgeprägten Duft. Und bei Wassermelonen? Für die Tischdekoration eignen sich sowohl die Sorten mit dunkler Schale als auch die runden bzw. ovalen Wassermelonen mit grüner oder grün gestreifter Schale. Melonen werden bei uns meist ab Ende Juni verkauft.

Schritt für Schritt vorgehen

Natürlich ist jeder erst einmal verblüfft, wenn er eine zur Rose gewordene Kartoffel oder einen aus einer Tomate gezauberten Weihnachtsstern sieht. Aber diese kleinen Zaubereien sind erlernbar – mit ein wenig Geduld, Aufmerksamkeit und einem Quäntchen Geschicklichkeit, das sich allmählich zu echter Meisterschaft entwickeln lässt. Alle Arbeitsgänge werden Schritt für Schritt bis in die kleinste Einzelheit mit Bildern und Texten erläutert. Also: kein Grund zum Verzagen! Am Anfang und zum Einüben ist es besser, mit einfachen Motiven wie Krokussen, drei- und vierblättrigen Blüten, Mäusen und Bärchen zu beginnen.

Kleine Geheimnisse

– Obst und Gemüse vor dem Schnitzen gründlich waschen und abtrocknen.

– Sie brauchen die Gemüsegarnitur nicht erst im letzten Moment vorzubereiten. Blumen aus Radieschen, Kartoffeln, Karotten, Lauch usw. lassen sich in Wasser mit einer mittleren Temperatur von 4 °C (das heißt: im Kühlschrank) tagelang frisch halten. Abweichende Aufbewahrungstemperaturen sind bei bestimmten Obst- und Gemüsesorten extra angegeben. Zum Beispiel ist Eiswasser für Radieschen absolut verboten, weil es sie verdirbt, hingegen das einzig Wahre für das perfekte Gelingen von Blumen aus Lauch und Frühlingszwiebeln.

Für Karotten, Kartoffeln, Zucchini, Rettich und Rote Bete ist es wichtig, destilliertes Wasser zu verwenden, dem 1 – 2 Prozent reiner 90%iger Alkohol (für die Herstellung von Spirituosen in Supermärkten erhältlich) zugesetzt wird. Gut eignet sich auch das beim Kochen im Wasserbad übrig bleibende Wasser, wenn es kalt geworden ist.

– Fertig geschnitzte Wassermelonen bleiben stundenlang im Kühlschrank frisch, wenn man sie in mehrere Lagen nasses Küchenpapier oder in ein nasses Küchentuch einschlägt. Falls sie auch gegessen werden sollen, müssen Sie darauf achten, dass das Tuch weder gestärkt noch mit stark parfümierten Waschmitteln gewaschen wurde, weil der Fruchtgeschmack dadurch beeinträchtigt würde.

– Mit Schnittverzierungen dekorierte Melonen zuerst in feuchtes Küchenpapier, dann in Klarsichtfolie einschlagen und so in den Kühlschrank legen.

– Auberginen, Äpfel und Birnen dunkeln nicht nach, sondern sehen wie frisch geschnitten aus, wenn man die Schnittflächen sofort mit Zitronensaft beträufelt, bepinselt oder besprüht (in diesem Falle den Saft vorher filtern und mit ganz wenig Wasser verdünnen).

– Schnitzabfälle nicht wegwerfen! Aus den Gemüsestücken lassen sich schmackhafte Suppen, aus Obstabschnitten köstliche Fruchtsalate, Sorbets und Eissorten zubereiten.

Im Dampf gegart

Hübsch anzusehen und wohlschmeckend sind Kartoffel- und Karottenblumen als Beilage zu Fleisch- und Fischgerichten. Ein simples Schälmesser genügt, um die langweiligen Pellkartoffeln ein für allemal in Pension zu schicken. Diese appetitlichen Gebilde nach Anleitung herzustellen ist leicht: Im Nu entstehen Rosen, 3- und 4-blättrige Blumen und Sonnenblumen. Zunächst aber Blüten mit sehr dünnen Blättern – wie Rosen und Narzissen – lieber weglassen.

1] Aus Kartoffeln und Karotten einige Blumen schnitzen und in kaltes Wasser legen, damit sie sich nicht dunkel verfärben. In einen Edelstahltopf mit Dampfeinsatz (nicht Schnellkochtopf) ca. 3 cm hoch Wasser und 2 Esslöffel Weißweinessig einfüllen. Zum Kochen bringen.

2] Den Gittereinsatz mit Wirsingblättern belegen und in den Topf geben.

3] Die Blumen darauflegen. Wenn sie verschieden groß sind, mit den größten beginnen und nach und nach die kleineren dazugeben.

4] Die Gemüseblumen 15 – 20 Minuten dämpfen; dann herausnehmen, mit kaltgepresstem Olivenöl beträufeln und mit Petersilie garnieren.

Teller dekorieren

Tipps und Ideen – von der Vorspeise bis zum Dessert

Margeriten aus Karotten auf einer Bandnudelschüssel mit Basilikumsauce (Pesto), ein Hühnchen in einem Reisnest, eine Reihe von Pinguinen als Bewacher in einem Meer aus Schinken mit kleinen Brötchen dazwischen, die als Klippen fungieren ... Auf Büfetts kann man zwar Süßes neben Salzigem aufbauen und die Garnitur beliebig anordnen, doch bei einem gesetzten Mittag- oder Abendessen müssen bestimmte Regeln beachtet werden.

Der richtige Platz auf dem Teller

Vorspeise: Dekoriert wird links, und zwar bei 9 Uhr (auf dem Zifferblatt).
Zwischengericht: Blumen, Blätter usw. haben ihren Platz in der Tellermitte, z. B. in der Mitte eines Nests aus Nudeln oder Risotto bzw. obenauf bei gefüllten Pasteten.
Hauptgericht: Der Teller wird am oberen Rand, bei 12 Uhr, dekoriert.
Desserts: Am oberen Rand oder in der Mitte, je nach Art der Nachspeise. Die Desserts werden in einem eigenen Kapitel behandelt; dort wird auch erklärt, wie man sie mit zauberhaften Blumen dekoriert.

Gelatine

Die Kunst, schlichte oder exquisite Kompositionen aus Gemüse mit einer dünnen Gelatineschicht auf dem Teller zu fixieren, hat eine lange Tradition. Diese Technik wurde früher vor allem zum Dekorieren von Schinken, Pasteten und Servierplatten für Büfetts und Empfänge angewendet. Auch heute noch verziert man auf diese Weise kalte Platten, Vorspeisen aus Fleisch und Fisch und viele andere Gerichte. Die gängigsten Gemüsesorten dafür sind Zucchini, Karotten, Paprika und Rote Bete. Und so wird's gemacht:

Gelatine Die Gelatine – am besten aus Gelatinepulver – nach Anleitung auf der Packung zubereiten. Die Gemüsestückchen in die noch flüssige Gelatine tauchen und damit auf die Teller oder Platten kleben. Kleine Mühe mit großer Wirkung: Aus Zucchinistreifen und gelbem Paprika entsteht ein Mimosenzweig; aus kleinen Rote-Bete-Herzen ein Kranz für den Tellerrand am Valentinstag; ein farbiger Schriftzug zum Geburtstag oder Jubiläum; kleine Hunde, Katzen und Fische als Tellerverzierung für ein gemütliches Beisammensein mit Tierfreunden.

Zucchini Eine mittelgroße Frucht mit möglichst makelloser Schale waschen. In kochendem Wasser, dem Natron (1 Esslöffel pro Liter Wasser) zugesetzt wurde, blanchieren (dadurch bleiben die frischen Farben erhalten). Bei mäßiger Hitze 1,5 Minuten kochen, abgießen und in eine Schüssel mit Wasser und Eiswürfeln geben, um den Kochprozess zu beenden. Vollständig auskühlen lassen, danach abgießen, die Frucht abtrocknen und mit einem Kartoffelschäler oder einem Käsehobel schälen. Die Schalen auf einem feuchten Küchentuch zur Weiterverwendung für die Tellergarnitur bereitlegen.

Karotte Eine ziemlich große Karotte mit einem Kartoffelschäler schälen, waschen und trocknen. Wiederum mit einem Kartoffelschäler oder Käsehobel in dünne Streifen schneiden und diese ein paar Minuten lang in Salzwasser (300 – 400 g Salz pro Liter Wasser, vollständig aufgelöst) legen; dadurch werden die Karottenstreifen ganz weich und lassen sich leicht bearbeiten. Danach die Streifen in kaltem Wasser ausspülen, abtropfen und auf ein feuchtes Tuch legen.

Paprika Eine Paprikaschote waschen und abtrocknen. Mit einem Kartoffelschäler von der Schale hauchdünne Scheiben abheben, ein paar Minuten in lauwarmes Wasser legen, abgießen und auf einem nassen Tuch für die Weiterverwendung bereitlegen.

Rote Bete Die rote Rübe mit einem Schälmesser abschälen, aber vorher Gummihandschuhe anziehen, damit sich die Hände nicht verfärben! Mit einem geraden Gemüsemesser ca. 3 mm dicke Scheiben abschneiden und auf Küchenpapier legen, das den Gemüsesaft teilweise aufsaugt und damit rote Flecken auf dem Teller verhindert.

Das große Finale

Bänder mit denselben Blüten oder in denselben Farben wie die Dekorblumen: eine stilvolle Dekoration für das Dessertbesteck.

Endlich auf dem Tisch: das Dessert! Es effektvoll zu servieren ist eine hohe Kunst, die jeder beherrschen muss, der Freude am Dekorieren hat. Die strengen Regeln der Servierkunst besagen, dass die Dekoration entweder am oberen Rand des Desserttellers oder oben in der Mitte der Süßspeise ihren Platz hat. Welche der beiden Alternativen in Frage kommt, hängt von der Art des Desserts ab. Crêpes oder Tortenstücke werden nach außen, zum oberen Tellerrand hin, garniert. Wenn jedoch Eis, eine gestürzte Creme, eine Einzelportion Pudding oder Auflauf serviert wird, kommt die Dekoration obenauf in die Mitte. Nach der richtigen Platzierung muss aber vor allem geklärt werden, welche Dekoration für das jeweilige Dessert am besten geeignet ist. Die Wahl fällt auf Blüten – genau genommen, auf essbare Blüten mit einer zarten Reifschicht aus Zuckerkristallen, die ihnen ein märchenhaftes Aussehen verleihen.

Zuckerblumen

Die Natur schenkt uns tagtäglich Blumen und Blüten, die nicht nur das Auge erfreuen, sondern auch durchaus essbar sind. Man hält sich besser an letztere, vor allem dann, wenn sie in direkte Berührung mit den Speisen kommen. Besonders dekorativ sind Orangen-, Pfirsich-, Lavendel-, Flieder- und Jasminblüten, Kornblumen, Nelken, Geranien, Sonnenblumen, Iris, Lavendel, Veilchen, Malven, Margeriten, Vergissmeinnicht, Gänseblümchen, Primeln, Rosen, Löwenzahn, Kleeblumen, Stiefmütterchen.

1] Die Blüten ganz vorsichtig waschen und trocknen lassen. In einem Schüsselchen 1 Eiweiß mit 1 Teelöffel Wasser mit einer Gabel leicht verschlagen, aber darauf achten, dass sich kein Schaum bildet. Einen Pinsel in das Eiweißgemisch tauchen und die Blüten von allen Seiten damit bestreichen.

2] Zuerst die Rückseite der Blüte mit Kristallzucker bestreuen, danach vorsichtig umdrehen und die Vorderseite bestreuen. Falls der Zucker irgendwo nicht haften bleibt, die freien Stellen nochmals mit Eiweiß bepinseln und mit Zucker bestreuen. Die eingezuckerten Blüten auf einen Rost legen und einige Tage an einem trockenen und gut belüfteten Platz trocknen lassen. Bei hoher Luftfeuchtigkeit oder Dauerregen können Sie die Blüten auch bei 150 °C im Backrohr 10 Minuten lang trocknen. Eingezuckerte Blüten können in einer gut schließenden Blechdose monatelang aufbewahrt werden.

Butter modellieren

Konfitüren, Honig, Lachs, Fleisch- und Fischgerichte, Aufschnittplatten und Heringshappen können Sie ab heute mit kunstvollen, köstlich schmeckenden Dekorationen auftischen, die auch dem verwöhntesten Gaumen zu schmeicheln vermögen. Das langweilige Stück Butter verwandelt sich im Nu in ein Bärchen mit Honigüberzug oder ein Stück Kräuterbutter in einen Blumenkranz.

1] Butterförmchen etwa 20 Minuten in das Tiefkühlfach legen. Inzwischen die Butter aus dem Kühlschrank nehmen und bei Raumtemperatur weich werden lassen. Für jedes Förmchen ca. 100 g Butter rechnen. Wenn die Zeit knapp ist, kann die Butter auch im Wasserbad weich gerührt oder in der Mikrowelle erwärmt werden. Aber Vorsicht: Sie darf nicht schmelzen! Die weich gewordene Butter mit einem Buttermesser in die tiefgekühlte Form streichen; da die Butter darin sofort fest wird, muss sie ganz schnell eingefüllt werden, mit maximal zwei bis drei Mal streichen. Die Oberfläche glätten und die Förmchen noch einmal mindestens eine Viertelstunde lang in das Tiefkühlfach stellen. Aromatisierte Butter und Buttermischungen ebenso in Förmchen füllen.

2] Förmchen aus dem Tiefkühlfach herausnehmen. Die Butter müsste sich ganz leicht herauslösen lassen. Falls nicht, leicht mit einer Messerspitze heraushebeln. Die modellierte Butter auf einen kleinen Teller legen und bis zum Anrichten im Kühlschrank lassen.

Keine Margarine verwenden, weil sie zu weich ist und sich deswegen nicht so gut modellieren lässt.

Buttermischungen

Kräuterbutter à la Maître d'Hôtel

Schmeckt köstlich zu gekochtem Fisch, Kalbsschnitzeln und gegrilltem Fleisch. 100 g bei Raumtemperatur weich gewordene Butter eine Minute lang mit einem Holzlöffel rühren. 1 Esslöffel gehackte Petersilie, eine Prise Salz, frisch gemahlenen Pfeffer und die abgeriebene Schale einer halben unbehandelten Zitrone dazugeben, gründlich verrühren und dann modellieren.

Dillbutter

Gehört unverzichtbar zu Räucherlachs.

100 g weiche Butter eine Minute lang rühren. 2 gehäufte Esslöffel fein gehackten Dill dazugeben. Mit weißem Pfeffer abschmecken.

Pilzbutter

Als Brotaufstrich, für Röstbrote und zu gegrilltem Fleisch.

Für dieses Rezept kommen mehrere Pilzsorten in Betracht: Hallimasch, Morchel, Wiesenchampignon, Steinpilz. 50 g Pilze gründlich putzen, blättrig schneiden und in einem Stich Butter dünsten. Salzen, pfeffern und fein pürieren. Auskühlen lassen, 100 g weiche Butter dazugeben und gründlich durchmischen. Das Butterförmchen mit Sonnenblumen- oder Kürbiskernöl einfetten und mit Klarsichtfolie auskleiden (mit dem Pinsel andrücken), mit der Pilzbutter füllen und ca. 20 Minuten im Tiefkühlfach fest werden lassen.

Senfbutter

Für Leute, die es gerne herzhaft mögen; als Aufstrich für Canapés und kleine Häppchen zum Aperitif.

100 g weich gewordene Butter mit 1 Prise Salz und 1 Teelöffel Senf (Sorte und

Schärfe nach Belieben) glatt rühren und in Förmchen füllen. Wenn die Senfbutter besonders kräftig schmecken soll, englischen Senf dafür verwenden.

Knoblauchbutter

Auf knusprig geröstete Weißbrotscheiben gestrichen, ist sie genau das Richtige, um Aufschnittplatten geschmacklich mit einem Extra-Touch aufzumuntern.
5 Knoblauchzehen 1 Minute lang in kochendes Wasser legen. Abgießen, mit Küchenpapier trockentupfen, schälen und durch die Knoblauchpresse drücken. Das Knoblauchpüree gründlich mit 100 g weich gewordener Butter vermischen. Wer's gern scharf mag, kann dafür eventuell auch eine Chilischote zusätzlich verwenden.

Basilikumbutter

Ein klassischer Begleiter für Fisch, Krebs- und Krustentiere.
2 gehäufte EL fein gehacktes frisches Basilikum mit 100 g weicher Butter glatt rühren, mit Salz und frisch gemahlenem Pfeffer würzen und mit etwas abgeriebener Schale von einer unbehandelten Zitrone verfeinern.

Kräuterbutter

Zu gekochtem Fisch, Fleisch vom Grill und als Brotaufstrich unter Wurst und Schinken.
Einige Basilikumblätter, ein Büschel Petersilie und ein Majoranzweiglein fein hacken, mit der weichen Butter verrühren und in Förmchen füllen.

Butter und Honig

Für Kindergedecke am Morgen oder Nachmittag.
Kleine Butterfiguren modellieren und mit Honig oder Konfitüre überziehen – am besten mit Hilfe eines Flachpinsels, damit der Überzug gleichmäßig wird.

Fantasie-Zitronen

Als Augenweide für den Teetisch, an passender Stelle als Garnitur für Vor- und Hauptspeisen – diese dekorativen Zitronen eignen sich für viele Gelegenheiten.

Zitronenhälften mit Kringel

1] Mit einem scharfen Messer die Enden abschneiden und die Zitrone quer halbieren. Rund um die Schnittfläche ¾ der Schale schmal abschälen, aber nicht abtrennen.

2] Den schmalen Schalenstreifen zu einem lustigen Kringel oder Schleifchen binden. Mit der anderen Zitronenhälfte ebenso verfahren.

Halbmondscheiben

1] Mit einem scharfen Messer die Zitrone der Länge nach halbieren und beide Hälften in Spalten teilen.

2] Bei jeder Spalte von einer Ecke ausgehend mit dem Messer auf ¾ der Bogenlänge unter der Schale durchschneiden. Die Schale nach innen einrollen. Mit den anderen Spalten ebenso verfahren.

Segelschiffchen

1] Die beiden Enden abschneiden und die Zitrone quer halbieren. Die eine Hälfte der Schnittfläche halbmondförmig anschneiden, aber nicht abtrennen.

2] Die Zitrone nun um 180° drehen und einen zweiten Halbmond einschneiden.

3] Beide Halbmonde nach oben aufbiegen und miteinander verkreuzen.

Ethno-Vase

Nur ein paar kunstvoll angebrachte Schnitte – und schon wird aus einer schlichten Melone eine aparte Schale, eine Vase oder ein ganz origineller Tafelaufsatz.

1] Die Melone an der Unterseite flach schneiden, damit sie ordentlich steht.

2] Mit einem mittelgroßen Fruchtdekorierer mit V-förmiger Klinge die Oberseite der Melone mehrfach so einschneiden, dass sich die Kalotte (Kuppel) mit Zickzackrand herausnehmen lässt. Mit einem Schälmesser dasselbe Zickzackmuster in beliebigem Abstand darunter durch Einschnitte nachzeichnen.

3] Wiederum mit dem Schälmesser seitlich an der Melone ein Blumenmuster einschneiden; das bringt Bewegung.

4] Die Blütenblätter mit dem Messer noch ausarbeiten und rund um die Blumen herum das Fruchtfleisch samt Schale abtragen, damit das Motiv plastischer wirkt. Die Vase nach Belieben fertig schnitzen.

Becher und Körbchen

Aus Gurken

Ein kleiner Aperitif, ein fröhlicher Abschiedstrunk: Gurken verändern den Geschmack der Getränke nicht und lassen sich gut zurechtschneiden.

1] Gurken in gleich lange Stücke schneiden, diese mit einem Kugelausstecher aushöhlen und die Schale entfernen.

2] Mit einem spitzen Messer seitlich einen Schlitz einschneiden, eine bereits geputzte Karottenscheibe hineinstecken und mit einer Stecknadel befestigen.

Aus Orangen

Aus Orangen, Zitronen und Grapefruits lassen sich hübsche Körbchen für Fruchtsalate, Eisdesserts, aber auch für Hors d'œuvres aus Fisch herstellen.

1] Die Schale der Frucht unten flach abschneiden, damit eine Standfläche entsteht. Für den Henkel zwei tiefe, parallele Schnitte bis zur halben Höhe anbringen.

2] Am „Äquator" der Orange eine Zickzacklinie bis tief ins Fruchtfleisch einschneiden, jedoch die Henkelansätze aussparen. Die Kalotten beiderseits des Henkels lassen sich nun herausnehmen.

3] Mit einem Kugelausstecher und einem scharfen Messer das Fruchtfleisch unter dem Henkel sowie aus dem Körbcheninneren entfernen.

Blumen in Eis

Schalen und Übertöpfe aus Eis sind der absolute Clou für die effektvolle Präsentation von Fruchtsalaten, Speiseeis und Eiswürfeln, die ihrerseits in Saft- oder Wassergläsern besonders gut zur Geltung kommen. Achten Sie aber darauf, dass alle Pflanzenteile, die mit Speisen in Berührung kommen könnten, auch wirklich gründlich gereinigt sind.

Übertopf aus Eis

1] In eine große runde Schüssel ein wenig Wasser einfüllen; die Schüssel in das Gefrierfach stellen. Wenn das Eis hart ist, die Schüssel herausnehmen, eine kleinere Schüssel hineinstellen und mehrfach mit Klebeband fixieren (siehe Foto). Den Zwischenraum mit sehr kaltem Wasser und mit den ausgewählten Blüten füllen. Alles zwei Tage lang ins Tiefkühlfach stellen.

2] Die Schüsseln herausnehmen, das Klebeband entfernen. Zuerst die innere Schüssel mit heißem Wasser füllen, bis sie sich vom Eis ablöst. Danach die äußere Schüssel mit heißem Wasser ablösen. Der fertige Übertopf aus Eis wird bis zum Anrichten im Tiefkühlfach aufbewahrt. Wenn man haltbare Blumen – wie Rosen oder Margeriten – verwendet, kann man diesen Übertopf aus Eis im Tiefkühlgerät bis zu zwei Wochen lang aufbewahren.

Blütenzauber in Eiswürfeln

Jedem Wasserkrug, aber auch jedem Glas Eistee oder Fruchtsaft verleihen diese funkelnden Eiswürfel einen Hauch Extra-Frische und -Farbe.

1] Kleine frische Blüten sammeln, z. B. Jasmin, Gänseblümchen, Wildrosen, Löwenzahn, Vergissmeinnicht usw.

2] Die Blüten waschen und in die Fächer einer Eiswürfelschale legen. Schale mit Wasser füllen und in das Tiefkühlfach stellen.

3] Wiesenblumen werden bei Tiefkühltemperaturen recht bald unansehnlich. Daher ist es besser, diese Eiswürfel höchstens 2 – 3 Tage vor Verwendung herzustellen.

Goldfische

Wasser mal auf ganz neue Weise zu kredenzen – dafür sind diese aus Zitrusfrüchten „geschnitzten“ Fische genau das Richtige. Lassen Sie die dekorativen Fischlein aus Orangen, Limetten, Zitronen und Kumquats in bauchigen Glaskrügen oder Schüsseln herumschwimmen! Sie geben Wasser und Mineralwasser einen Touch von Frische und sind außerdem eine Zierde für jedes kalte Büfett.

1] Die Zitrusfrüchte in Wasser mit Natron-Zusatz (1 EL auf 1 l Wasser) waschen, 1 Stunde eingelegt stehen lassen, danach trocknen. Mit einem geraden Messer an der Unterseite ein Stückchen Schale abschneiden, damit die Frucht auf dem Schneidbrett besser steht; das erleichtert die Bearbeitung. Mit einem Schälmesser das Stückchen Schale einkerben und als Schwanz mit einer Stecknadel an der dem Stielansatz gegenüberliegenden Seite feststecken.
2] Für das Maul den Stielansatz flach abschneiden, die Spitze des Schälmessers in die Mitte der Schnittfläche einstechen und im Kreis so bewegen, dass sich ein kegelförmiges Stück herausziehen lässt.
3] Die Seitenflossen mit Bleistift vorzeichnen, mit dem Messer vorsichtig ausschneiden und ein wenig abspreizen.
4] Mit einem mittelgroßen Dekoriermesser mit U-förmiger Klinge die Pupillen einstechen. Rundum ein wenig Schale abtragen.
5] Falls der Fisch nicht richtig schwimmt, mit einem Kugelausstecher aushöhlen und einen Stein hineingeben: Dann kann er auf dem Boden einer Kristallschale vor sich hin dösen.

Ringe und Schleifen

Ein romantisches Tête-à-tête, ein Abendessen unter Freundinnen, eine Gartenparty? Die hier gezeigten Dekorationselemente sind perfekt geeignet für jeden Anlass und wirklich kinderleicht herzustellen.

Lauchringe

1] Eine gründlich gewaschene und getrocknete Stange Lauch in ca. 4 mm breite Scheiben schneiden und die Scheiben mit den Fingern in Ringe zerteilen, die paarweise mit einem Schnittlauchhalm zusammengebunden werden.

Lauchschleifen

1] Die grünen Lauchblätter 1 Minute in kochendes Wasser mit Natron-Zusatz (1 Esslöffel Natron auf 1 Liter Wasser) legen; danach den Topf vom Herd nehmen und die Lauchblätter abgießen, in kaltes Wasser legen und darin auskühlen lassen. Vorsichtig herausnehmen, abtropfen lassen und auf einem Küchentuch trocknen lassen. Lauch in dünne Streifen schneiden (für jede Schleife braucht man zwei davon).

2] Einen Streifen zur ersten Schlaufe der Schleife umbiegen.

3] Einen zweiten Streifen zur Schlaufe umbiegen, die beiden Schlaufen zur Schleife zusammenfügen und die Enden mit einer Stecknadel feststecken, den Rand mit einer Schere in Form schneiden. Besonders hübsch sehen die Schleifen aus, wenn man sie auf einem Zucchinistückchen befestigt (siehe Foto rechts).

Girlanden & Co

Aus Scheiben gesteckt

1] Gewaschene, trockengetupfte Zucchini mit einem scharfen Messer in 2 – 3 mm dicke, gleichmäßige Scheiben schneiden. Eine Scheibe von der Mitte bis zum Rand einschneiden.

2] In den Einschnitt eine genauso vorbereitete Scheibe stecken usw.

Zucchini-Spirale

1] Von einem gewaschenen, trockengetupften Zucchino das Ende abschneiden. Durch das Loch am Klingenende des Radischneiders den Spieß (siehe Foto) mitten in den Zucchino stecken.

2] Die Klinge des Radischneiders langsam im Uhrzeigersinn drehen, bis die Gegenseite erreicht ist. Die Spirale behutsam auseinanderziehen, damit sie nicht reißt.

Blumen

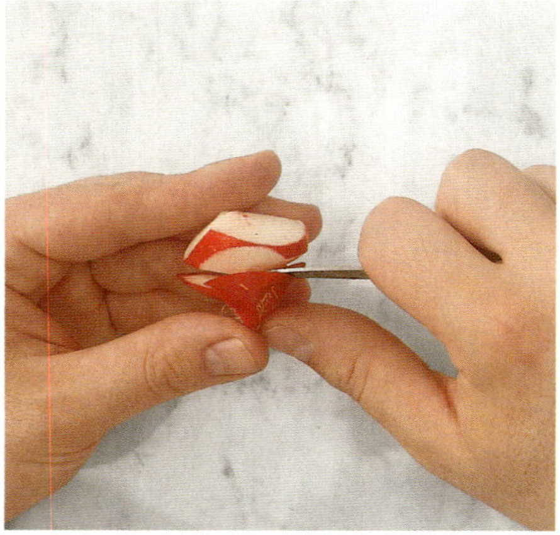

Drei- & vierblättrig

Dreiblättrige Radieschenblume

1] In der unteren Hälfte des Radieschens mit dem gebogenen Schälmesser mit tiefen Schnitten 3 Blütenblätter einschneiden: Die Blume löst sich dadurch von selbst ab.

2] Nun den oberen Teil des Radieschens auf den Kopf stellen und mit denselben Schnitten eine zweite Blume herstellen. Wenn man die Blumen in kaltes Wasser legt, bleiben sie tagelang frisch.

Vierblättrige Karotten- und Zucchiniblumen

1] Eine Karotte waschen und mit dem Kartoffelschäler abschaben. Das eine Ende mit einem Schälmesser abrunden.

2] Je nachdem, ob Sie drei oder vier Blütenblätter haben wollen, mit entsprechender bogenförmiger Drehbewegung des Schälmessers die Blätter – wie beim Kartoffelschälen – einschneiden. Dabei versuchen, die Messerspitze bis zum Mittelpunkt der Karotte einzustechen. Die Blume wird dadurch von der Karotte abgetrennt.

3] Auf dieselbe Weise weitere Schnitte ausführen. Aus einer Karotte lassen sich viele solcher Blumen schneiden. Vor der nächsten Blume immer das Ende der Karotte wieder rund schneiden.

Ranunkeln

Die reizenden Radieschenblumen sorgen für dekorative Farbtupfer in Salatschüsseln und auf kalten Platten.

1] Radieschen putzen (Wurzel abschneiden) und mit der Messerspitze 5 Blätter herausschneiden.
2] Darüber eine zweite Reihe mit 5 Blättern arbeiten: Damit man sich nicht verzählt, am besten zwischen den bereits geschnittenen Blütenblättern versetzt – nie parallel dazu! – die nächsten Schnitte platzieren.
3] Blume mit einer oder mehreren Schnittreihen (je nach Größe des Radieschens) fertig schnitzen. Die Blume anschließend in kaltes Wasser legen, damit sich die Blütenblätter vollständig öffnen. Sie hält sich im Kühlschrank mehrere Tage lang.

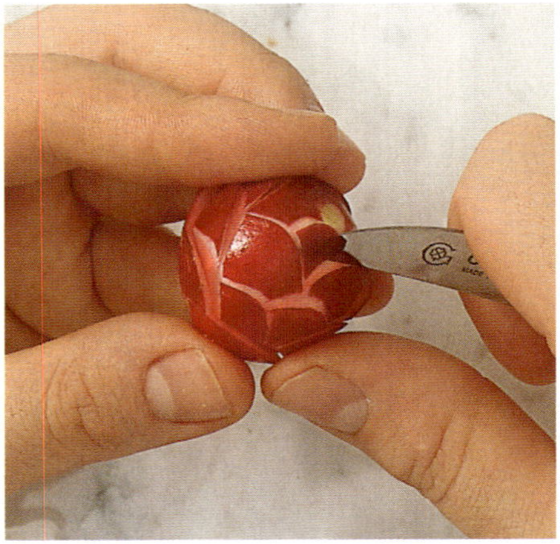

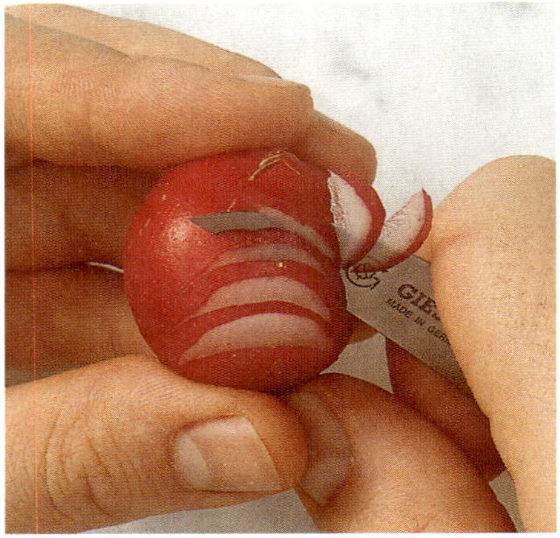

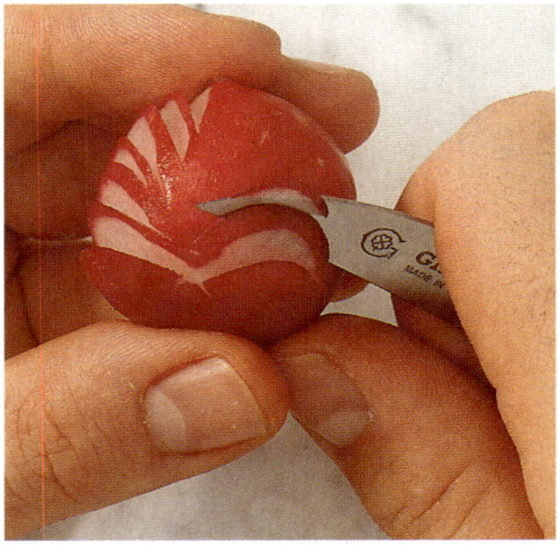

Libanon-zedern

Zum Garnieren von Salaten, Aufschnitt- und Servierplatten sind diese Blüten ideal außerdem leicht zu schnitzen und prachtvoll anzusehen. Und denken Sie daran: Nur mit einem ganz scharfen Schälmesser lässt sich sauber schnitzen!

1] Das Radieschen mit Daumen und Zeigefinger halten. Mit dem Schälmesser das erste Blütenblatt schneiden: Der Schnitt darf nicht zu tief werden. Wirklich perfekt wird er, wenn die Messerspitze mit leicht drehender Bewegung, wie beim Kartoffelschälen, geführt wird.

2] Über dem ersten Blütenblatt eine 1 mm dicke Lamelle herausschneiden. Genau darüber das nächste Blütenblatt schnitzen und darüber wieder eine Lamelle herausschneiden.

Diese beiden Arbeitsschritte nach oben bis zur Kuppe wiederholen.

3] Nach der Anleitung bei Schritt 2 die anderen drei Blütenblattreihen arbeiten.

Die grünen Blätter aus Zucchinischalen arbeiten (siehe Foto rechts).

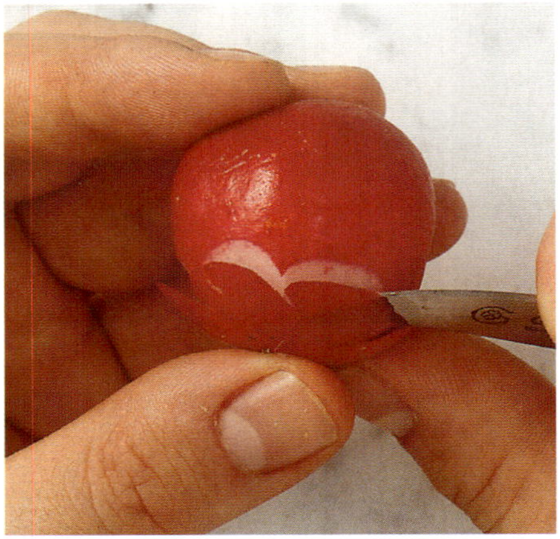

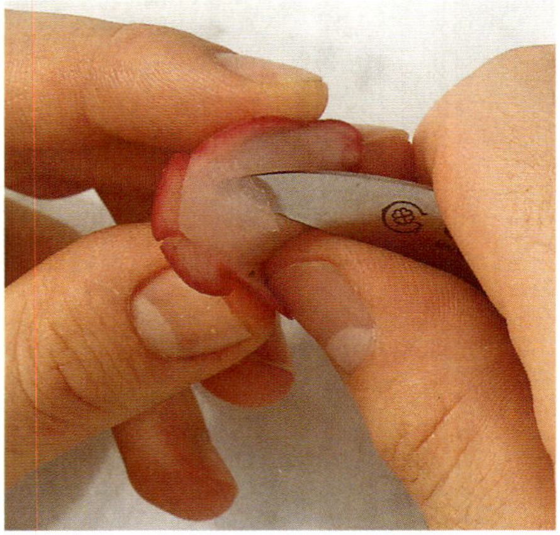

Wiesenblumen

Die Gänseblümchen kann man mit dem Schälmesser aus Radieschen und Zucchini schneiden, die Margeriten mit einem feinen Fruchtdekorierer (siehe Foto unten) aus Kartoffeln, Karotten, Rüben, Kürbissen oder Zucchini schnitzen.

Gänseblümchen

1] Ein möglichst kugelrundes Radieschen waschen und abtrocknen, Blätter und Wurzel abschneiden. Mit der Spitze des Schälmessers die untersten Blütenblätter (5 – 7 pro Reihe, je nach Größe des Radieschens) schneiden.

2] Das überschüssige Fruchtfleisch mit dem Messer so herausschneiden, dass der Mittelteil der Blüte dabei seine Form erhält.

Margerite

1] Einen mittelgroßen Zucchino (die ganz großen enthalten zu viele Kerne!) waschen und trocknen und in ca. 2 cm dicke Scheiben schneiden.

2] Den runden Mittelteil der Blüte mit einem feinen Fruchtdekorierer mit halbrunder Klinge arbeiten: Die Spitze in der Mitte einstechen und anschließend die Klinge um die Mittelachse drehen. Mit einem noch feineren Fruchtdekorierer aus der Schnittfläche die erste Reihe Blütenblätter – etwa 8 bis 12 Blätter – als flaches Relief herausarbeiten.

3] Mit dem zuerst verwendeten (größeren) Fruchtdekorierer den Außenrand der Blütenblätter ausstechen und das Fruchtfleisch darunter mit dem Schälmesser von außen nach innen rundherum wegschneiden, bis sich die Blüte aus der Zucchinischeibe löst.

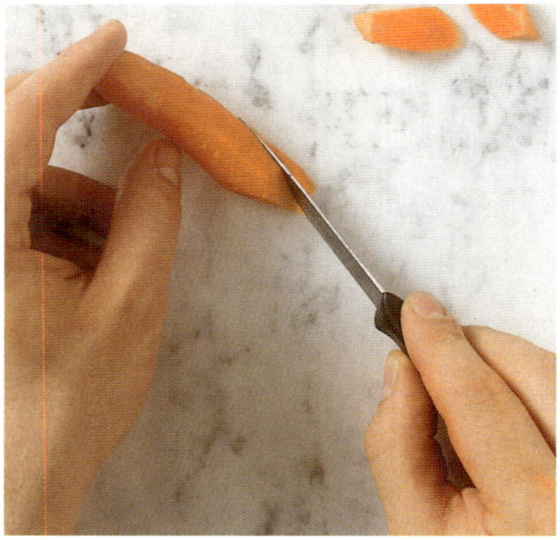

Krokusse

Schon eine einzige Karotte genügt, um jedem Gericht einen fröhlichen, originellen Touch zu geben. Es lassen sich daraus bis zu einem Dutzend solcher Frühlingsblumen schnitzen. Allein oder zusammen mit anderen Karotten- und Radieschenschnitzereien sehen diese Krokusse nicht nur hübsch aus, sondern können auch verspeist werden. Lassen Sie sie also „sprießen" – im Salatbett, in Reissalaten und in allen Gerichten, die einen knackigen Biss und kräftige Farbakzente, wie nur Karotten sie geben können, nötig haben.

1] Die Karotte waschen, mit einem Kartoffelschäler abschälen, auf ein Brett legen und das Ende mit 4 schrägen Schnitten zuspitzen.
2] Die Karotte wie auf dem Foto links unten halten und an den vier Kanten die vier Blütenblätter einschneiden. Die Messerspitze muss sehr scharf sein und bis zur Mitte der Karotte geführt werden. Beim letzten Einschnitt löst sich der Krokus von der Karotte ab. Die Karotte neu zuspitzen und die nächste Blüte schneiden.

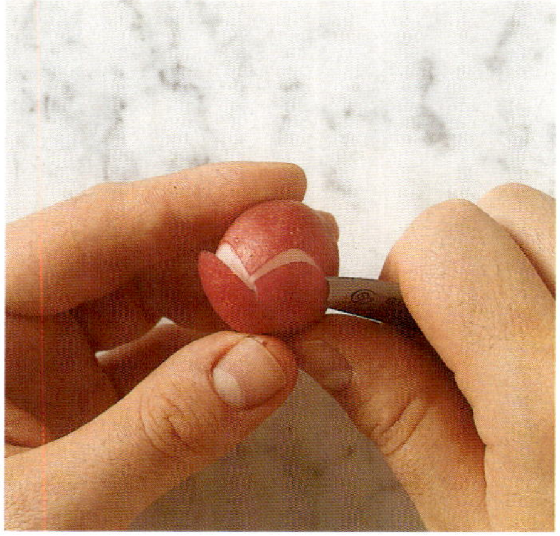

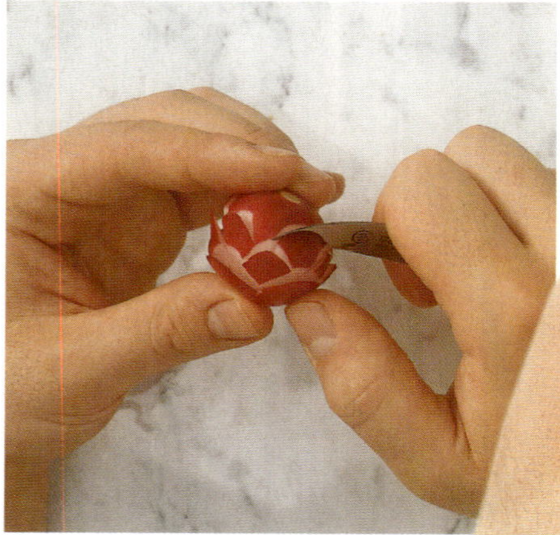

Magnolien

1] Mit einem Schälmesser in ein Radieschen die untersten 5 Blütenblätter einschneiden.
2] Die Messerspitze vorsichtig oberhalb eines Blattes ansetzen und mit einer drehenden Bewegung – wie beim Apfelschälen – das Fruchtfleisch rundherum dünn abtragen. Das Geheimnis für ein perfektes Gelingen des Schnittes besteht darin, dass die Messerspitze immer nach außen gerichtet bleibt und die Blattkontur nicht beschädigt wird.
3] Knapp über der untersten Blattreihe die nächste Reihe versetzt einschneiden.
4] Das Fruchtfleisch herausschneiden, wie bei Schritt 2 beschrieben. Die einzelnen Arbeitsschritte bis zur Kuppe des Radieschens wiederholen.
Als Dekoration grüne Blätter aus Zucchinischalen schnitzen (siehe Foto rechts).

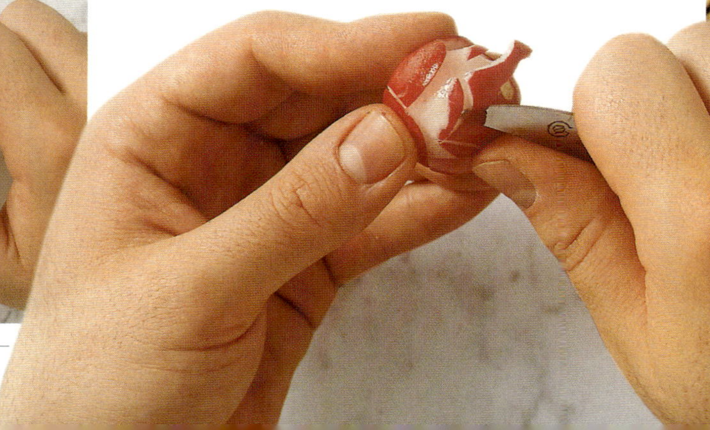

Chrysanthemen

Aus Radieschen

1] Mit einem feinen Fruchtdekorierer mit V-förmiger Klinge schmale senkrechte Rillen von der Wurzel zum gegenüberliegenden Ende ziehen.

2] Nach der äußersten Blütenblätterreihe mit demselben Fruchtdekorierer aus dem Stumpf eine zweite, dritte und – bei großen Radieschen – sogar noch eine vierte Reihe spiralförmig nach innen schnitzen. Die fertigen Blumen in kaltes Wasser legen, damit sie sich ganz öffnen. Im Wasser bleiben sie tagelang frisch.

Aus Lauch

1] Zunächst müssen die Wurzeln am unteren Lauchende abgeschnitten werden. Dann das auf 6 cm Länge geschnittene Lauchstück mehrfach mit einem scharfen Gemüsemesser mit gerader Klinge so einschneiden, dass alle Schnitte parallel und so eng wie möglich nebeneinander liegen; sie müssen mindestens 2 mm vor dem Wurzelansatz, der nicht angeschnitten werden darf, enden.

2] Das Lauchstück nun um 90° drehen und wie unter 1] mehrfach parallel einschneiden. Ein kleiner Trick: Damit sich die Blumen besonders schön öffnen, sie nicht nur in kaltes Wasser legen, sondern an der Unterseite ein kegelförmiges Stück herausschneiden. Die Blüte öffnet sich dann innerhalb einer Stunde.

Tulpen

Klassische Form

1] Einen mittelgroßen Zucchino waschen, abtrocknen und in ca. 5 cm lange Zylinder zerteilen; die Enden abschneiden. Mit dem Schälmesser jedes Stück unten kegelförmig zuschneiden. Dann mit der Unterseite der Tulpen beginnen: Die kegelförmige Seite nach oben halten, die Messerspitze hineinstechen und mit wellenförmigen Bewegungen der Klinge – wie beim Ausschneiden von Blütenblättern – rundherum kleine Stückchen Fruchtfleisch abtragen.

2] Aus dem weißen Fruchtfleisch 5 Blütenblätter ausschneiden, dabei die Klinge tief einstechen. Beim Ausschneiden des fünften Blattes löst sich die Tulpe ab.

Sternform

1] Einen Zucchino waschen, abtrocknen und in ca. 5 cm lange Zylinder zerteilen. Die Enden mit dem Schälmesser leicht abrunden. Mit der V-förmigen Klinge eines mittelfeinen Fruchtdekorierers aus dem mit der abgerundeten Seite zum Daumen weisenden Zucchino von oben nach unten die Blätter ausstechen.

2] Durch Nachschneiden bis in die Mitte des Zucchinos die einzelnen Blätter fertig modellieren. Wenn das letzte Blatt geschnitzt ist, löst sich die Blume ab.

Glocken-blumen

1] Einen mittelgroßen Zucchino mit kräftig ausgebildetem Stielansatz waschen und abtrocknen. Am Stielende ein 6 cm langes Stück abschneiden. Mit dem Schälmesser den Übergang zum Stiel schräg anschneiden und nach unten so verschmälern, dass das geschnitzte Ende schließlich wie der Stiel einer Rose aussieht.
2] Mit dem Schälmesser 5 – 7 Blütenblätter ausschneiden. Die Schnitte müssen ganz glatt sein und dürfen nicht zu tief ausfallen, damit die Blüte sich in gefälliger Bewegung präsentiert.
3] Nun das überschüssige Fruchtfleisch aus der Blütenmitte vorsichtig, ohne die Bätter zu beschädigen, von oben her abtragen. Den verbleibenden Stumpf in der Mitte mit der Spitze des Schälmessers so formen, dass er wie eine Knospe aussieht.

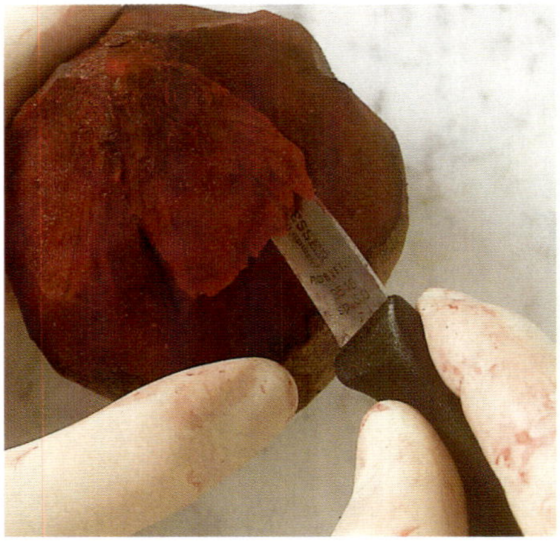

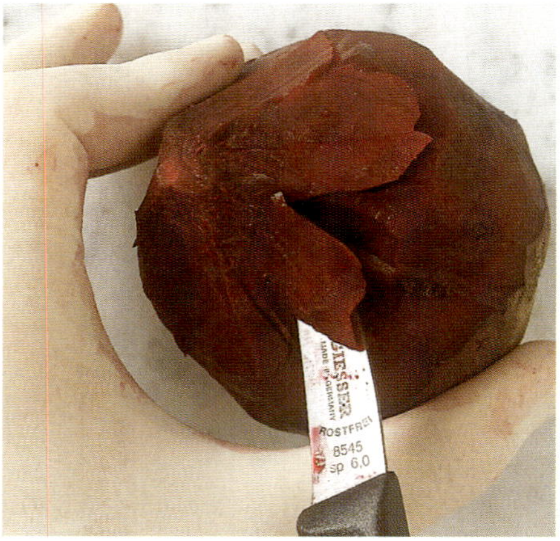

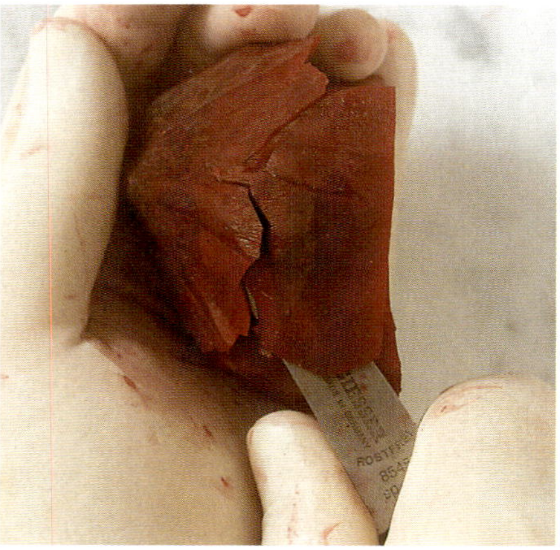

Nelken

Dafür können Sie Rettiche, Rote Bete, Zucchini oder Kartoffeln verwenden.

1] Für eine rote Nelke erst einmal Gummihandschuhe anziehen, eine kleine rote Rübe waschen, mit einem Messer abschälen und den Wurzelansatz kegelförmig zuschneiden. Dann die Blütenbasis mit leicht ausgefransten Rändern schneiden, dabei das kegelförmige Rübenende nach oben halten. Die Spitze des Schälmessers einstechen und in wellenförmigen Bewegungen wie beim Blätterschneiden kleine Stückchen des Fruchtfleischs abtragen.
2] Über dieser Blütenbasis mit tiefen Schnitten 5 Blütenblätter einschneiden.
3] Die rote Rübe in der Handfläche halten (siehe Foto) und jeweils in der Mitte zwischen zwei benachbarten Blütenblättern das Fruchtfleisch herausschneiden, aber die Messerspitze (die zur Mitte der Rübe zeigen muss) sehr vorsichtig handhaben, um die Blätter nicht zu beschädigen. Die Arbeitsschritte 2 und 3 so oft wiederholen, bis die Mitte erreicht ist.

Noch ein praktischer Tipp

Damit eine aus Roter Bete, Kartoffel oder Rettich geschnitzte Nelke noch kunstvoller und echter aussieht, kann man aus den abgeschnittenen Stielansätzen von Zucchini, die vielleicht beim Spiralenschneiden oder beim Schnitzen anderer Blumen übrig geblieben sind, eine kelchförmige Blütenkapsel herstellen. Mit einem Schälmesser den holzigen Stielansatz so verjüngen, dass er wie das obere Ende eines Nelkenstiels aussieht. Damit die Nelke fest darauf aufliegt, eventuell mit einem feinen Fruchtdekorierer mit abgerundeter Klinge vorsichtig die Oberseite der Blütenkapsel aushöhlen.

Gefüllte Dahlien

In ihrer Schlichtheit sind diese aus Rettichen, Kürbisstücken, Zucchini, Roten Beten und Kartoffeln geschnitzten Blumen wunderschön anzusehen.

1] Einen Zucchino waschen und trocknen, die Spitze abschneiden. Einen mittelfeinen Fruchtdekorierer mit U-förmiger Spitze an einem Ende in der Mitte einstechen und um die eigene Achse drehen, um die kreisrunde Blütenmitte zu formen. Mit einem feineren U-förmigen Fruchtdekorierer die Blattadern in die Zucchinioberfläche einritzen. Die Klinge von außen zur Blütenmitte führen.
2] Mit dem größeren U-förmigen Fruchtdekorierer, der bereits für die Blütenmitte verwendet wurde, die Blütenblätter so ausstechen, dass die Blattadern jeweils in der Mitte liegen.
3] Mit dem feineren U-förmigen Fruchtdekorierer das Fruchtfleisch zwischen zwei Blütenblättern ausstechen und herauslösen; dabei entsteht eine weitere Reihe strahlenförmig angeordneter Blattadern.
4] Mit dem größeren U-förmigen Fruchtdekorierer die zweite Reihe Blütenblätter wie in Schritt 2 ausstechen. Die Schritte 2 und 3 bis zur Unterkante des Zucchinos wiederholen.

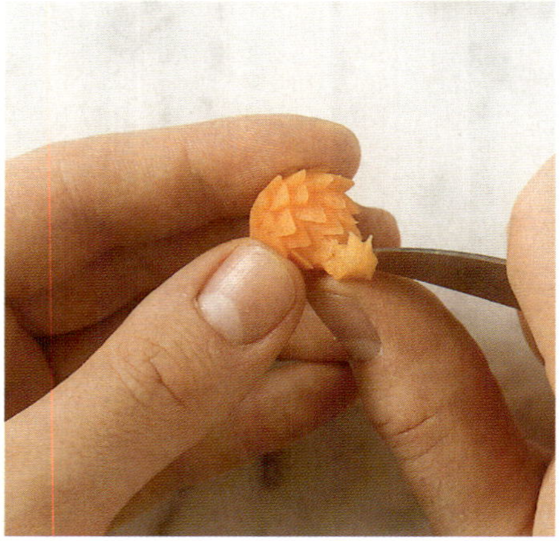

Kaktus-Dahlien

Aus so schlichten Gemüsesorten wie Kartoffeln, Zucchini, Kürbissen, Roten Beten, Karotten und Rettichen lassen sich Blumen von erlesener Schönheit schnitzen – gerade das Richtige für eine festlich dekorierte Tafel!

1] Eine Karotte waschen, schälen und trockentupfen. Einen feinen Fruchtdekorierer mit V-förmiger Klinge an einem Ende ansetzen und eine erste Reihe Blütenblätter ausstechen. Die Stiche müssen von oben nach unten und mit einer Tiefe von ca. 4 mm angebracht werden.
2] Vorsichtig das Fruchtfleisch um die Blätter herum abtragen, dabei die Spitze des Schälmessers zum Blattansatz hin gerichtet halten. Dadurch wird die erste Blattreihe plastisch herausmodelliert und gleichzeitig die Ausgangsbasis für die zweite Blattreihe geschaffen.
3] Die Arbeitsschritte 1 und 2 bis zur Karottenspitze wiederholen.

Klassische Rosen

Rosen wie aus Großmutters Garten lassen sich aus Roten Beten, Rettichen, Kartoffeln, Zucchini und Karotten schnitzen. Bevor sie wirklich perfekt ausfallen, wird zwar einige Zeit vergehen, aber – wie heißt es doch? – Geduld bringt Rosen! Aus Kartoffeln, Zucchini und Rettichen geschnitzte Rosen können Sie durch Einreiben der Blätter mit dem Saft roter Rüben oder durch Eintauchen in eine Lösung aus Lebensmittelfarbe und Wasser (die Mengenangaben finden Sie auf der Packung) nach Wunsch einfärben.

1] Einen Zucchino waschen und mit dem Schälmesser den Stielansatz kegelförmig zuspitzen. Daraus 5 dünne runde Blätter schneiden.

2] Mit der Messerspitze einen Teil des Fruchtfleischs an jeder Blattinnenseite herauslösen.

3] Eine zweite Blattreihe mit 5 Blättern schneiden und das überschüssige Fruchtfleisch herauslösen, wie bei Schritt 2 beschrieben.

4] Die Arbeitsschritte 2 und 3 bis zur Mitte wiederholen. Damit die Rose plastischer wirkt, die letzten Blattreihen mit fast waagerecht gehaltenem Messer schnitzen.

Seerosen

Die prächtigen Seerosen sind im Nu geschnitzt und eignen sich als Highlights in Salatschüsseln oder als originelle Garnierung für Lauchgerichte. Beim Putzen von dicken Lauchstangen stets daran denken, die weißen Enden als Ausgangsmaterial für diese anmutigen Blüten beiseite zu legen.

1] Das weiße untere Ende der Lauchstange von den Wurzeln befreien und auf 6 – 7 cm Länge schneiden. Mit dem Schälmesser 5 V-förmige Blätter einschneiden, dabei die Messerspitze bis in die Mitte der Lauchstange einstechen.

2] Nach dem letzten Schnitt die beiden Lauchhälften voneinander trennen. Jede Seerose für einige Stunden in eiskaltes Wasser legen, damit sie sich ganz öffnet und auf dem kulinarischen Schauplatz in voller Pracht erscheint.

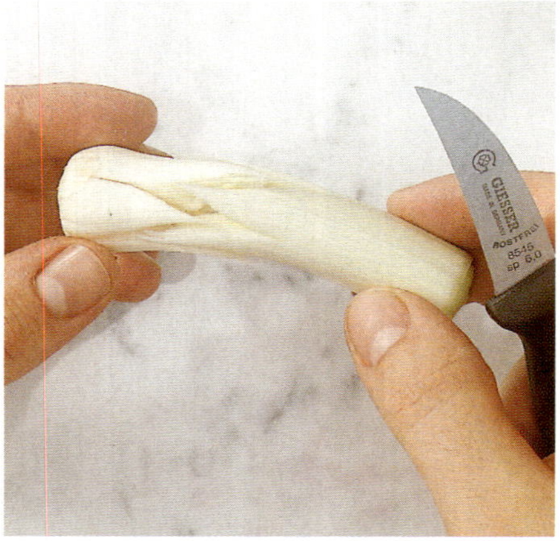

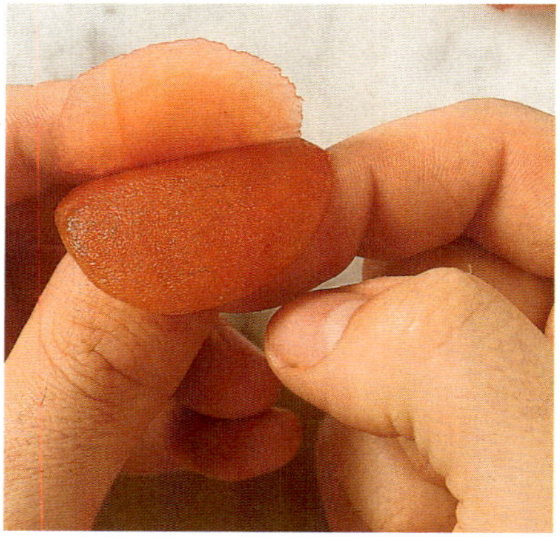

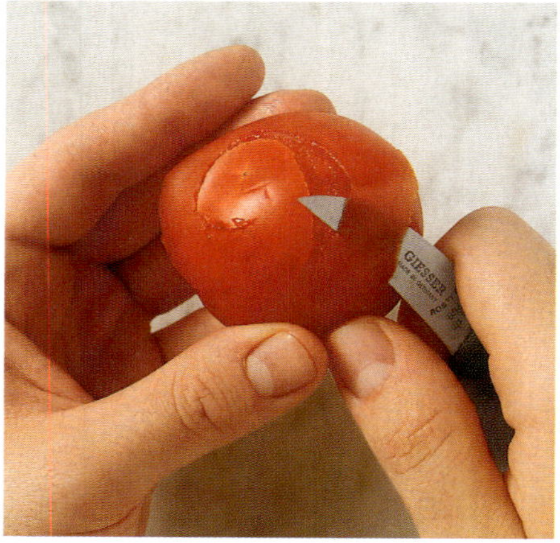

Röschen & Knospen

Knospe

1] Eine feste Tomate in leuchtendem Rot waschen und trockentupfen. Mit einem ganz scharfen Gemüsemesser mit gerader Klinge eine dünne, möglichst runde Scheibe mit ein wenig Fruchtfleisch daran von der Tomate abschneiden und auf ein Schneidbrett legen. Mit der flachen Klinge zwischen Schale und Fruchtfleisch auf ¾ der Breite durchschneiden, sodass sich die Scheibe wie ein Buch aufklappen lässt.

2] Vorsichtig das Fruchtfleisch von der Schale lösen: Fertig ist die Knospe!

Röschen

1] Eine feste, vollreife Tomate mit einem scharfen Schälmesser so schälen, dass die Schale eine lange Spirale bildet. Mit dem Schälen nie am Stielansatz beginnen!

2] Aus der eingerollten Tomatenschale das Röschen formen.

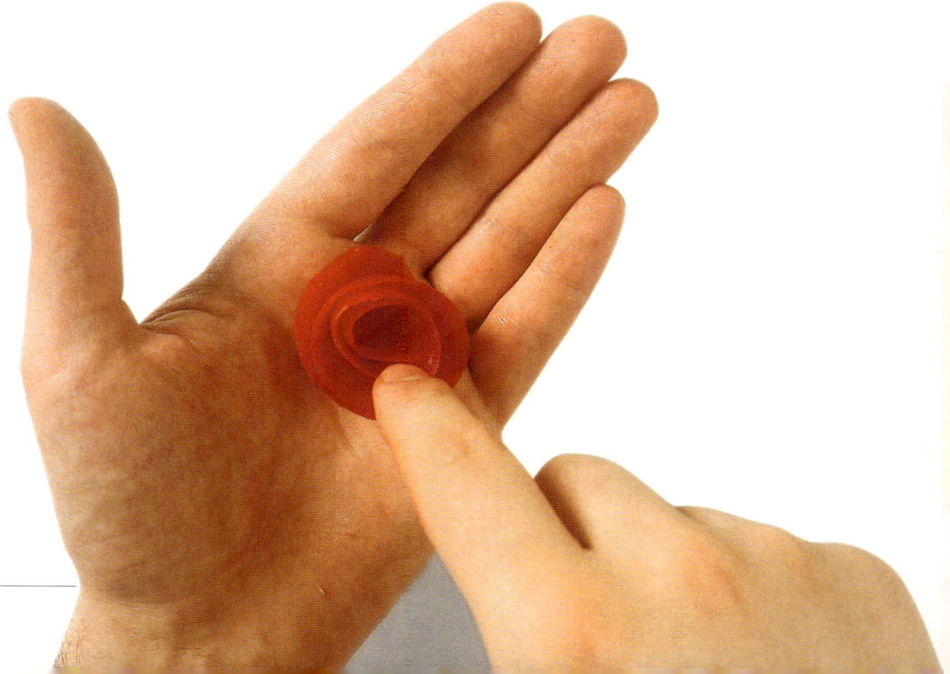

Weihnachtssterne

1] Eine vollreife, feste Tomate waschen und abtrocknen. Mit der Spitze eines Schälmessers aus der dem Stielansatz gegenüberliegenden Seite der Tomate einen kleinen kegelförmigen Zapfen herausschneiden. Um die kreisrunde Vertiefung herum vorsichtig einen 2 mm breiten Ring aus der Schale ausschneiden.
2] 5 spitz zulaufende Blütenblätter (siehe Foto) einschneiden. Dabei die Messerklinge leicht schräg stellen.
3] In etwas Abstand zu den Schnitträndern die Messerspitze tiefer einstechen und die Blattkonturen mit glatten Schnitten nachzeichnen.
4] Nun die Messerspitze bis in die Mitte der Tomate einstechen und damit einen vollen Kreis beschreiben. Dadurch wird das überschüssige Fruchtfleisch weggeschnitten und der Weihnachtsstern lässt sich leicht herausnehmen.

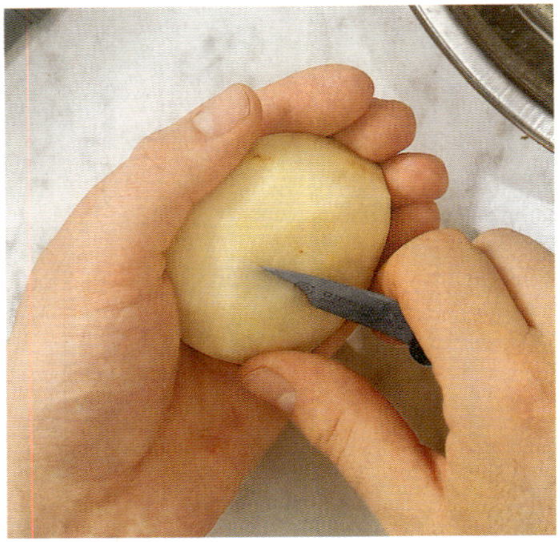

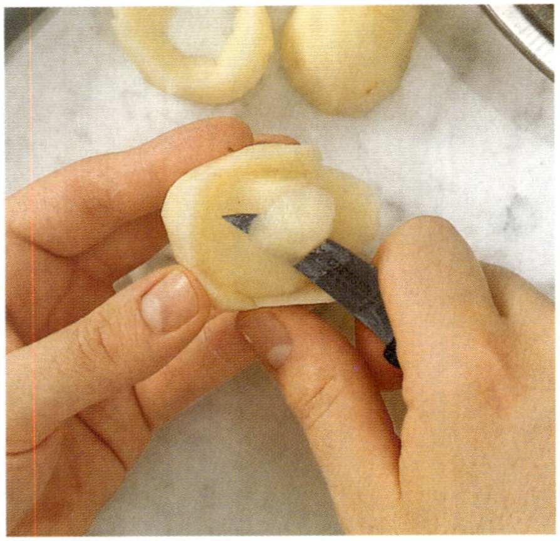

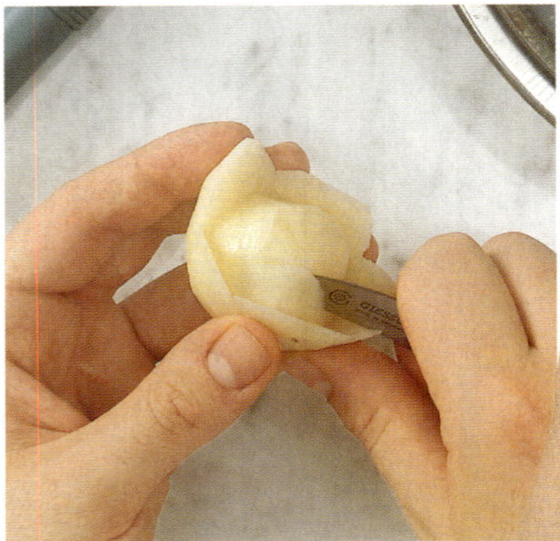

Rosen

1] Eine Kartoffel mittlerer Größe waschen und schälen. Mit dem Schälmesser die Rosenunterseite kegelförmig zuschneiden, dann 5 dicke runde Blütenblätter schnitzen.

2] Die Spitze des Schälmessers innerhalb eines Blattes einstechen und das überschüssige Fruchtfleisch ringsherum herausschneiden, dabei das Messer wie beim Apfelschälen halten

3] 5 weitere Blätter schneiden, danach Schritt 2 wiederholen.

4] Die Schritte 1 und 2 bis zur Mitte wiederholen. In kaltes Wasser gelegt, bleiben diese Rosen tagelang frisch.

Narzissen

Die zarten Narzissen sind zwar eine Zierde für kalte Platten und exquisite kulinarische Kreationen, stellen jedoch hohe Anforderungen an Ihre manuelle Geschicklichkeit und Ihre Geduld.
Vor Beginn der Schnitzarbeit überprüfen, ob das Schälmesser wirklich scharf ist. Am besten eignen sich Kartoffeln, Kürbisstücke und Rettiche dafür. Besonders naturecht sehen die Narzissen aus, wenn sie eine Weile in Safranwasser eingelegt werden.

1] Eine Kartoffel mittlerer Größe waschen, schälen und in ca. 4 cm hohe Hälften teilen. Zunächst 4 dreiecksförmige Einkerbungen schnitzen, die die Blattäderung darstellen sollen. Dafür die Schnittfläche in vier Felder unterteilen; in jedem Feld mit der Messerspitze einstechen und mit wellenförmigen Bewegungen, wie beim Zuschneiden der Blätter, dünne Stückchen des Fruchtfleischs abtragen.
2] Nun mit tieferen Schnitten die 4 Blütenblätter herausarbeiten; dabei jeweils vorsichtig um das Muster der Blattäderungen herumschneiden. Die Messerspitze darf nicht bis zur Kartoffelmitte vordringen.
3] Vorsichtig, ohne die Blätter zu beschädigen, aus dem Blüteninneren das überschüssige Fruchtfleisch herausschneiden. Der Mittelstumpf wird dann so zugeschnitten, dass er wie eine Knospe aussieht; diese kann mit der bei der Rose beschriebenen Schnitztechnik dann noch feiner ausgearbeitet werden.

Sonnenblumen

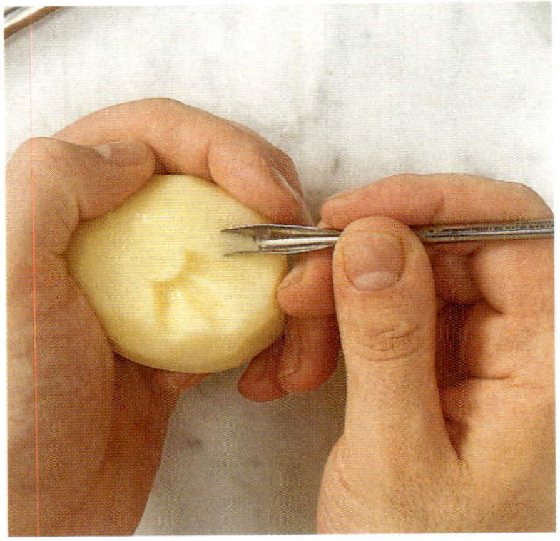

1] Eine ziemlich große Kartoffel waschen, schälen und in etwa 3 cm dicke Scheiben schneiden. Mit einem kleinen Fruchtdekorierer mit U-förmiger Klinge durch Drehen einen Knopf in der Mitte ausstechen. Mit einem feineren U-förmigen Fruchtdekorierer tiefe Rillen für die Blattäderungen in die Schnittfläche einschneiden. Dabei von außen nach innen einstechen.

2] Mit tiefen Schnitten der Schälmesserspitze den Außenrand der Blätter ausschneiden; dabei die Klinge so bewegen, als ob man spitze Federn zeichnen sollte.

3] Das Messer mit der Spitze bis fast zur Mitte der Kartoffelscheibe einstechen und im vollen Kreis unter der Blüte durchschneiden. Dadurch wird das überschüssige Fruchtfleisch weggeschnitten und die Blume lasst sich leicht herauslösen.

4] Nun noch Gewürznelken in die Mitte stecken und die fertige Sonnenblume für mindestens 2 Stunden in Safranwasser legen (1 Päckchen = 1 gestrichener Teelöffel Safran pro ½ Liter Wasser).

Tiere

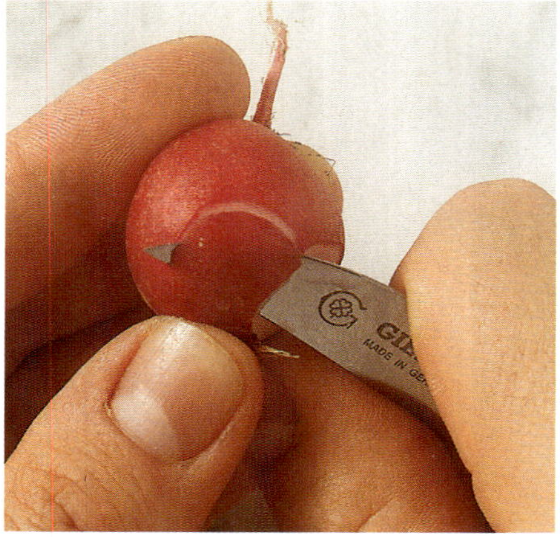

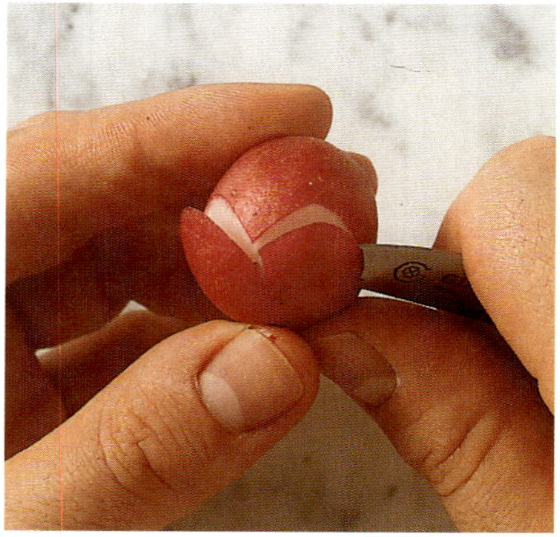

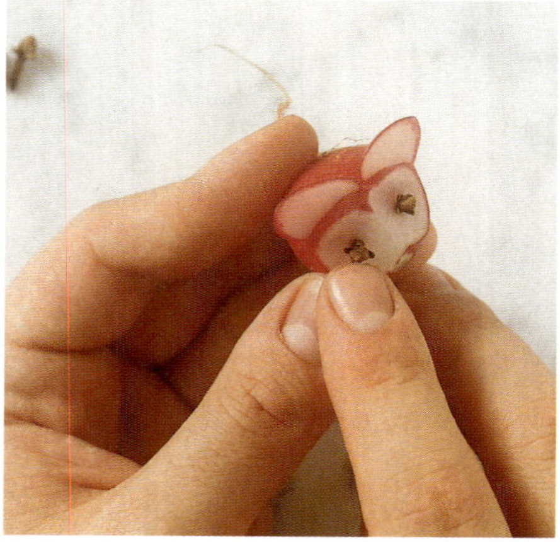

Radieschenmäuse

Eben wird eine Käseplatte serviert. Und zwischen Emmentaler und Greyerzer lugen Radieschenmäuse hervor. Denken Sie daran, dass Käse Raumtemperatur haben muss, wenn er auf den Tisch kommt. Sie können aber die Mäuschen ruhig schon Stunden vorher auf der Käseplatte verteilen, weil sie stundenlang so schön bleiben. Falls Ihnen das lieber ist, können Sie die Mäuschen auch schon am Vortag schnitzen, in Wasser legen und im Kühlschrank aufbewahren; dann aber erst im letzten Moment die Gewürznelken als Augen hineinstecken. Auch als Fondue-Garnierung sehen diese sympathischen Tierchen allerliebst aus.

1] Ein längliches Radieschen waschen und abtrocknen. Die Blätter mit einem sauberen Schnitt entfernen, aber die Wurzel dranlassen – sie wird zum Mäuseschwänzchen. Damit das Mäuschen gerade steht, an der Unterseite eine Scheibe abschneiden. Mit dem Schälmesser zwei möglichst gleich große Scheibchen von der Vorderseite abschneiden; diese werden später als Öhrchen verwendet.
2] Das Mäuschen auf ein Schneidbrett stellen. Das Schälmesser senkrecht halten und mit der Spitze zwei ziemlich tiefe Schnitte anbringen, in die Sie die beiden Scheibchen einsetzen: entweder mit der roten oder mit der weißen Seite nach vorne. Als Augen zwei gleich große Gewürznelken, aus denen Sie vorher das runde Köpfchen in der Mitte entfernt haben, in das Mäusegesicht stecken.

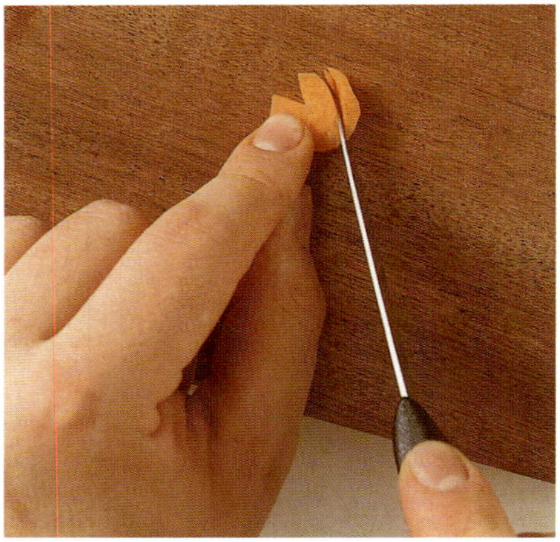

Vögelchen

Glanzlichter für jede festliche Tafel sind Vögelchen mit buntem Gefieder aus Kiwi und Birnen aller Sorten von Abate bis Williams.

1] Den Schnabel mit einem scharfen Messer aus einem Karottenstückchen zuschneiden.

2] Für den Federschopf ein Stückchen Lauch oder Paprika mit einem scharfen Messer in Fransen schneiden.

3] Eine Kiwi nehmen, oben einschneiden und den Federschopf in die Kerbe stecken. Die Augen aus zwei kleinen Paprikakreisen mit Gewürznelken ohne Mittelköpfchen feststecken oder aber Kreise aus Auberginen oder Zucchini mit bunten Stecknadeln befestigen. Sie sehen noch süßer aus, wenn die Stecknadeln tief hineingedrückt werden.

4] Für die Flügel an beiden Seiten der Kiwi mit einem scharfen, geraden Messer kleine Schnitte in V-Form anbringen. Im Abstand von jeweils 5 mm weitere 2 bis 3 solcher Schnitte parallel zu den ersten ausführen. Wenn man von vorne leicht auf die ausgeschnittenen Fruchtteile drückt, gleiten sie nach hinten und formen die Flügel. Die Schnittflächen mit Zitronensaft besprühen, damit sie sich nicht dunkel verfärben!

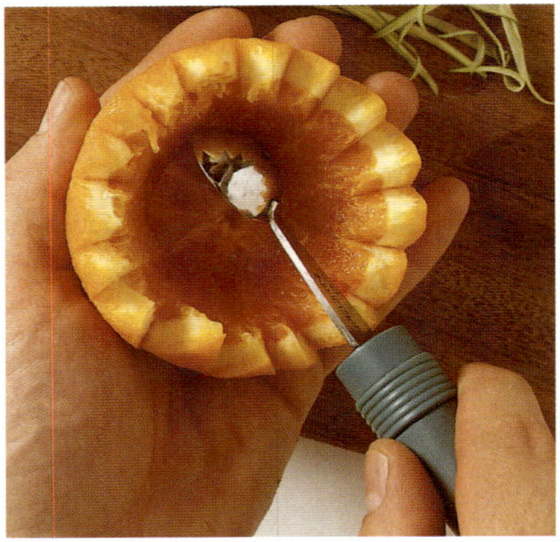

Im Hühnerstall

Gluckhenne

1] Ein Ei hart kochen (8 – 10 Minuten) und mit kaltem Wasser abschrecken. Damit die Schale nicht springt, ein paar Tropfen Essig in das Kochwasser geben. Inzwischen das Nest herrichten: Eine Orangenhälfte aushöhlen, Zacken in den Rand schneiden und das Nest mit Streifen aus Zucchinischalen auspolstern.
2] Das Ei abschälen und flach in das Nest legen. Von einer geschälten Karotte mit einem ganz scharfen Messer der Länge nach einen eher dünnen Streifen abschneiden. Aus diesem Karottenstreifen die beiden Flügel, den Kamm, den Schnabel und den Schwanz zuschneiden und vorsichtig in das Ei stecken. Für die Augen zwei Gewürznelken verwenden.

Gockelhahn

1] Ein großes Ei (Klasse L, ca. 90 g) in 8 – 10 Minuten hart kochen und unter fließendem Wasser auskühlen lassen.
Inzwischen aus einem dünnen Karottenstreifen mit einem scharfen Schälmesser den Hahnenkamm und den Schnabel zurechtschneiden. Das Ei abschälen und die Unterseite gerade schneiden, damit der Hahn steht. Kamm und Schnabel daran befestigen.
2] Aus gelbem und rotem Paprika die Flügel und den Schwanz zuschneiden und vorsichtig feststecken. Aus ganz feinen Zucchini- und Paprikastreifen lassen sich viele Varianten von bunten Schwanzfedern herstellen.

Küken

Ebenso vorgehen wie bei Henne und Gockelhahn, aber statt einem Hühnerei dafür ein Wachtelei nehmen.

Schweinchen

Koteletts, Fischgerichte, Hähnchen mit Zitronensauce – diese und viele andere Gerichte haben etwas gemeinsam: Sie alle werden mit Zitronen serviert. Diesmal kommen die Zitronen in Form von niedlichen Schweinchen auf den Tisch. Sogar Kinder können sie anfertigen – doch sollte dann das Schälmesser lieber durch ein Plastikmesser ersetzt werden.

1] Eine Zitrone waschen und abtrocknen. Die Unterseite flach schneiden, damit das Schweinchen gut steht. Den Stielansatz entfernen und mit der Spitze des Schälmessers für die Schnauze einen kegelförmigen Zapfen herausschneiden.
2] Mit einem Filzstift die Ohren vorzeichnen und mit einem scharfen Schälmesser aus der Schale schneiden. Genau unterhalb der Ohren die Augen anbringen: je nach Größe der Zitrone zwei Wacholderbeeren, Gewürznelken oder grüne bzw. rote Sojabohnen dafür verwenden.
3] Ein richtiges Ringelschwänzchen bekommt das Schweinchen, wenn Sie mit dem Zestenreißer die Schale an der Hinterseite spiralförmig in einem Stück abheben.

Schäfchen

Wenn Sie Ihre Salate mal ganz anders präsentieren möchten – warum nicht mit hübsch auf der Platte verteilten Gänseblümchen und einem Schäfchen auf der Weide? Das niedliche Schäfchen eignet sich auch als Platzkartenhalter.

1] Eine kleine Aubergine waschen, trocknen und den Stielansatz abschneiden. Mit einem Ausstechförmchen ovale oder herzförmige Augen aus Zucchinischale ausstechen und mit Stecknadeln am spitzen Ende der Frucht befestigen. Zwei Zuckerschoten mit Stecknadeln als Ohren über den Augen feststecken (eventuell vorher auf gleiche Größe zuschneiden).

2] Wo das Mäulchen hinkommt, die Aubergine waagerecht einschneiden und zwei weiße Trockenbohnenhälften oder – ersatzweise – eine in der Mitte durchgeschnittene Knoblauchzehe hineinstecken. Diese kuriosen Zähne verleihen dem Schäfchen ein sympathisches Aussehen.

3] Das wollige Schaffell entsteht aus vielen kleinen Blumenkohlröschen, die mit Stecknadeln oder Zahnstochern an der Aubergine befestigt werden.

Schwäne

1] Einen Apfel mittlerer Größe waschen und abtrocknen, den Stielansatz entfernen. An der Unterseite eine Scheibe abschneiden, damit der Schwan gerade steht.

2] Auf dieser Scheibe die Kontur des Schwanenhalses und -kopfes vorzeichnen und mit einem spitzen Messer ausschneiden. Die Teile mit Zitronensaft beträufeln und beiseite stellen.

3] Flügel: Mit einem scharfen Messer die obere Hälfte des Apfels V-förmig einschneiden. Mit zwei oder drei weiteren V-Schnitten im Abstand von jeweils ca. 5 mm die Flügel schnitzen.

4] Die Schnittteile mit leichtem Druck so verschieben, dass sie die Flügel bilden, und mit Zitronensaft beträufeln. In der Grube des Stielansatzes den Hals mit dem Kopf mit einer Stecknadel befestigen. Stecknadeln bilden auch die Augen.

Bärchen

Kein Kinderfest ohne die entzückenden Bärchen! Sie bringen auch Kinder, die sich sonst gar nicht mit Obst anfreunden können, dazu, dass sie sich voll Freude auf diese sympathischen Fruchtfiguren stürzen.

1] Von einer Kiwi zwei annähernd kreisrunde, dünne Scheiben abschneiden – sie werden für die Ohren verwendet. Die Oberseite einer zweiten Kiwi einschneiden und die Ohren in die Einschnitte stecken.

2] Zwei Bohnen als Augen, eine Karottenkugel als Nase verwenden und mit Stecknadeln im Gesicht feststecken. Mit der Spitze des Schälmessers einen Einschnitt für den Mund machen. Mit denselben Arbeitsschritten können Sie die Bärchen auch aus Birnen herstellen, nur wird in diesem Falle die Birnenseite mit dem Stielansatz zur Schnauze, und mit Hilfe von zwei Gewürznelken können Sie die Augen noch ausdrucksvoller gestalten.

Pinguine

1] Eine Aubergine mittlerer Größe wählen. An der Seite, die dem Stielansatz gegenüberliegt, durch Abschneiden der Kuppe eine gerade Standfläche erzeugen. Im oberen Teil mit den Augen beginnen: Zunächst einen feinen U-förmigen Fruchtdekorierer einstechen und im Kreis drehen – so entstehen die Pupillen. Mit der Spitze des Schälmessers nun das Auge einritzen und vorsichtig ein halbmondförmiges Stück Schale um die Pupille herum herausschneiden.

2] Für die Flügel ein Gemüsemesser mit gerader Klinge verwenden. Damit an beiden Seiten von unten nach oben einen glatten Schnitt ausführen und so die nach unten schmal zulaufenden Flügel seitlich abheben. Danach mit der Messerspitze den Rand des weißen Bauchflecks vorzeichnen und mit einem Apfelausstecher die Umrisse der Frackknöpfe in die Schale einstechen. Dann vorsichtig die Schale rund um die Knöpfe bis zum Rand hin abtragen.

3] Aus einem kegelförmigen, länglichen Karottenstück mit einem Längsschnitt den Schnabel formen und zwischen Augen und Bauchfleck in die Aubergine hineinstecken.

4] Aus der Schale einer gelben Paprikaschote tropfenförmige Stücke zuschneiden und mit Holzspießchen an der Unterseite des Pinguins befestigen.

5] Als Kopfbedeckung fungiert der grüne Stielansatz. Wenn Sie Ihrer Kreation noch einen ganz besonderen Touch verleihen wollen, können Sie aus der Oberseite einer roten Paprikaschote einen Sombrero schnitzen und mit einem Holzspieß auf dem Kopf feststecken oder dem Pinguin eine rote Fliege verpassen.

Katze

Unsere Figur ist zwar kein „Gestiefelter Kater“, sondern nur ein Katzenkopf, schaut aber genauso pfiffig drein. Schnitzen Sie ihn als passende Dekoration zu Rohschinken, zu Portwein und zum Obstsalat.

1] Eine Honigmelone mittlerer Größe gründlich waschen und abtrocknen. Von der Unterseite eine Scheibe abschneiden. Auf die Schale dieser Scheibe die Ohren mit Bleistift vorzeichnen und mit einem spitzen Messer ausschneiden.
2] Mit einem runden oder ovalen Ausstechförmchen die Pupillen auf der Schale anzeichnen und mit einem herzförmigen die Nase.
3] Mit einem spitzen Messer nun die Linien um die Augen, die Nase, den Mund und die Schnurrbarthaare in die Melonenschale schnitzen. An der Oberseite der Melone zwei ziemlich tiefe Schnitte anbringen und die Ohren hineinstecken.
4] Die Kontur des Katzengesichtes entweder – wie hier – mit Zacken fertig schnitzen oder noch mehr Schnurrbarthaare einritzen. Die Linien werden besonders schön, wenn Sie die Schale mit der Spitze des Schälmessers in kleinen Stücken innerhalb der angezeichneten Linien abtragen.
5] Mit demselben Ausstechförmchen, mit dem Sie die Augen auf der Schale angezeichnet haben, entweder gelbe Augen aus einer gelben Paprika oder grüne aus Zucchinischalen ausstechen.

Büfett

Wassermelone als Efeublütenstern

Solche Blütensterne, aus Wassermelonen geschnitzt, sind wahre Kunstwerke und werden auf Ihrem Büfett zweifellos sehr bewundert.

1] Eine vollreife, pralle Wassermelone an der Seite mit dem Stielansatz flach schneiden, damit sie gut steht. Auf der gegenüberliegenden Seite mit der Spitze des Schälmessers eine kleine runde Vertiefung ausschneiden. Drum herum einen 2 mm breiten grünen Rahmen in der Schale stehen lassen.

2] Aus der Oberfläche der Melone 5 kleine Blütenblätter in Schreibfederform herausschneiden; dabei die Messerklinge leicht schräg halten.

3] Die Messerspitze 2 mm unterhalb eines Blütenblattes einstechen und die Blattkontur mit einem ziemlich tiefen Schnitt in gleichbleibendem Abstand nachziehen. Die zweite Reihe mit wiederum 5 Blütenblättern nach der Anleitung in Schritt 2 arbeiten, aber diesmal größer.

4] Arbeitsschritt 3 so oft wiederholen, bis die Oberfläche der Wassermelone nahezu vollständig von geschnitzten Blütensternen bedeckt ist.

Pagode

1] Eine möglichst kugelrunde Wassermelone waschen und abtrocknen. Die Kalotte um den Stielansatz mit dem Schneidmesser abschneiden, damit die Frucht steht. Stellen Sie sich nun vor, dass Sie den südlichen „Polarkreis“ – gedacht im Abstand von ein paar Zentimetern zum Rand der Standfläche – in Sechstel teilen, und markieren Sie die Mitte dieser Sechstel mit Holzspießchen. Mit einem Kugelschreiber sechs Schwertlilien (siehe Foto) so vorzeichnen, dass die Blütenspitze jeweils genau unter einem Holzspieß liegt. Mit der Spitze des Schälmessers die Kontur vorsichtig 3 mm tief nachschneiden.

2] Rund um die Schnittkonturen die Schale bis etwa zur halben Höhe der Frucht abtragen. Mit einem Messer mit gerader Klinge, das in einem Winkel von etwa 45° zur Standfläche gehalten wird, die erste Reihe Blütenblätter ausschneiden.

3] Mit bogenförmigen Schnitten das Fruchtfleisch zwischen zwei benachbarten Blütenblättern abtragen (siehe Foto). Unter den herausgeschnittenen Stücken wird das rote Fruchtfleisch sichtbar. Dieser Arbeitsschritt ist die Grundlage für die nächste Blattreihe.

4] Mit waagerecht gehaltenem Messer eine zweite Blattreihe tief einschneiden und das Fruchtfleisch aus den Zwischenräumen abtragen. Damit keine Fehler passieren, sich am weißen Teil der Wassermelone orientieren.

5] Die Schritte 3 und 4 bis in die Nähe der oberen Kugelkalotte wiederholen.

6] Mit feinen Fruchtdekorierern oder mit einem scharfen Messer die Kalotte mit Blumen oder anderen fantasievollen Mustern verzieren.

Dahlie

Eine derart kunstvoll geschnitzte Melonenblume kann als rein dekoratives Element Verwendung finden oder aber als integrierte Variation eines Sommerklassikers: Melone mit Schinken.

1] Eine kleine Honigmelone waschen, abtrocknen und mit dem Kartoffelschäler dünn abschälen, die Kalotte mit dem Stielansatz flach abschneiden. Mit der Spitze eines Schälmessers aus der gegenüberliegenden Kalotte ein kegelförmiges Stück herausschneiden. Die runde Vertiefung mit einem Rand umrahmen. Man erhält ihn dadurch, dass das Schälmesser ca. 1 mm außerhalb der Vertiefung eingestochen und vorsichtig um die Vertiefung herumgeführt wird.

2] In die Oberfläche 5 rund geformte Blütenblätter einschneiden. Für wirklich kunstgerechte Schnitte muss die Messerklinge leicht schräg gehalten werden. Damit die Blätter leicht gewellt aussehen, darf der Schnitt nicht ganz gerade, sondern muss mit leichten Auf- und Abwärtsbewegungen des Messers ausgeführt werden.

3] Die Messerspitze 1 mm außerhalb eines Blattes einstechen und die Blattkontur mit einem ziemlich tiefen Schnitt nachzeichnen. Danach jeweils in der Mitte zwischen zwei Blättern neu einstechen und weitere 5 Blütenblätter ausschneiden. Die neue Blätterreihe wird größer als die erste.

4] Den Arbeitsschritt 3 mit immer größer werdenden Dahlienblättern wiederholen, bis die Melone nahezu vollständig davon bedeckt ist.

Ranunkel

1] Eine kleine Honigmelone waschen und abtrocknen. Die Kalotte mit dem Stielansatz mit dem Schneidmesser abschneiden. Den oberen Teil der Melone mit dem Kartoffelschäler abschälen; dadurch wird das Spiel mit Farben möglich. Die Spitze eines geraden Messers in die Mitte der oberen Kalotte einstechen und mit einem kreisförmigen Schnitt ein kegelförmiges Stückchen herausschneiden. Die kleine Vertiefung ist der Ausgangspunkt für das erste Blütenblatt, das um etwa ¾ der Öffnung herum mit einer spiralförmigen Bewegung geschnitten wird, und zwar bis etwa zur halben Höhe der Melone.

2] Mit der Messerspitze die Blattkontur nachschneiden, dabei kleine halbmondförmige Fruchtfleischstücke abtragen, sodass die Blattform plastisch hervortritt. Die Blätter werden in spiralförmiger Anordnung geschnitten und mit fortschreitender Schnitzarbeit immer größer.

3] Sobald die Ranunkelblüte fertig ist, mit der Spitze eines Messers in die untere Melonenhälfte grüne Blätter schnitzen und mit Äderungen ausarbeiten, falls Sie genug Zeit dafür haben.

Kürbisschnitzereien

Anhand von Schablonen können selbst weniger geschickte Zeichner wunderschöne Muster entwerfen. Mit dieser Technik lassen sich auch bei Kürbissen verblüffende Ergebnisse erzielen. Das Schnitzen von Laternen, Blumenvasen und Suppenschüsseln wird damit zum Kinderspiel.

1] Nehmen Sie am besten einen Kürbis mit glatter Schale. Wenn man – wie in unserem Falle – einen Kürbis mit rauer Schale bearbeitet, mit einem scharfen Messer die Schale entfernen, bevor man die Schablonenzeichnung auf den Kürbis überträgt. Die Schablone mit Stecknadeln oder mit ablösbarem Sprühkleber auf dem Kürbis fixieren und die Konturen mit einer Messerspitze einritzen.
2] Die Schablone entfernen und die Vorzeichnung mit einem scharfen Messer nachschneiden. Die richtige Schnitttiefe liegt bei 3 – 4 mm.
Ein so mit Schnitzmuster verzierter Kürbis kann dann noch ausgehöhlt und eventuell als Servierschüssel – zum Beispiel für Kürbissuppe – verwendet werden.

Kürbis mit Fisch

Inzwischen sind Sie sicherlich schon recht geschickt im Schnitzen. Daher bereitet Ihnen vermutlich auch der nächste große Schritt kein Problem: die gleichzeitige Anwendung unterschiedlicher Arbeitstechniken. Dekorieren Sie nach Herzenslust Kürbisse, Wassermelonen usw. mit Messern und Fruchtdekorierern aller Größen. Der Kürbis auf dem Foto links unten ist nur ein Beispiel: Mit Zickzackschnitten die Kalotte abnehmen und den Kürbis mit einem Löffel aushöhlen. Auf der Schale freihändig das Motiv (hier: den Fisch) vorzeichnen, das Sie schnitzen möchten, und dann mit Messern und Fruchtdekorierern ausführen. Gewürznelken und Stecknadeln mit bunten Glasköpfen geben hübsche Verzierungen ab (hier wurden blaue Stecknadeln für die Luftblasen verwendet).

BESTELLADRESSEN FÜR SPEZIALMESSER UND FEINE FRUCHTDEKORIERER:

CRR
Christian Romanowski Rockstedt
D-27404 Rockstedt
Tel. 01803-59 59 59 • Fax: 01803-74 74 74
Email: beste@kuechenmesser.de
http://www.kochmesser.de

MESSER & SCHEREN
Solingen Boutique • Inh. B. Pfeiffer
Rosenheimer Str. 42 • 81669 München
Tel. 089-4 80 13 92 • Fax 089-4 47 15 90